LE SAINT

DE

TOUT LE MONDE

PAR

LE R. P. JEAN DE SAINTE-EULALIE

Franciscain

IMP. FRANCISC. MISSIONN.
16, ROUTE DE CLAMART

VIC ET AMAT
PARIS, 11, RUE CASSETTE

1901

LE SAINT

DE

TOUT LE MONDE

PERMIS D'IMPRIMER

Saint-Palais, couvent des Franciscains.

FR. OTHON,
Min. Prov.

IMPRIMATUR

Paris, 25 octobre 1901.

ED. THOMAS,
Vic. Gén.

DÉCLARATION

Pour nous conformer aux décrets d'Urbain VIII, nous déclarons que nous ne prétendons donner aux récits publiés dans *le Saint de tout le monde,* qu'une valeur simplement historique, sans vouloir devancer les jugements du Saint-Siège, dont nous suivrons toujours en fils très soumis l'autorité infaillible.

SAINT ANTOINE DE PADOUE

Tableau de *Murillo,* dans la galerie de Séville.

LE SAINT

DE

TOUT LE MONDE

PAR

LE R. P. JEAN DE SAINTE-EULALIE

Franciscain

IMP. FRANCISC. MISSIONN.
16, ROUTE DE CLAMART

VIC ET AMAT
PARIS, 11, RUE CASSETTE

1901

AU BIEN-AIMÉ

SAINT ANTOINE DE PADOUE

Le saint de tout le monde

Quels sont ces chants, quels sont ces transports d'har-
Qu'on entend partout dans les airs, [monie
Remplissant tous les cœurs, invitant toute vie
A d'inénarrables concerts ?...
Pour qui ces mercis, ces prières ?...
Pour qui ces fleurs et ces bannières ?
Pour qui ces trônes, ces lumières ?
Pour qui ces dons ? Pour qui ces *ex-voto* divers ?

Pour qui ? je le demande au jeune enfant qui rêve
Ce nom si doux, dans son berceau :
Ce nom, je le demande au vieillard qui l'achève
En s'acheminant au tombeau.
Que la jeune fille qui chante
Et qui, la veille était mourante,
Que l'orphelin qui se lamente
Et qui rit aujourd'hui, disent ce nom si beau !

Que l'aveugle qui voit et qui reprend sa route
Sans le secours d'aucune main,
Que le muet qui parle et dont la langue ajoute
Au chant des autres son refrain,
Que le sourd dont s'ouvre l'oreille,
Que le mort qui d'une merveille
Passe en une autre sans pareille,
Chantent en chœur ce nom aimé, béni sans fin !

Que le paralysé qui, d'un lit de souffrance,
Saute à bas, se prend à courir ;
Les béquilles au loin, que le boiteux qui danse,
Plus prompt que le cerf pour bondir;
Que le pécheur contrit qui pleure
Et que le juste qui demeure
Souriant à sa dernière heure,
Proclament à l'envi ce nom pour le bénir.

Dites, vous qui savez quel secours et quelle aide,
Dans telle et telle infirmité
Cruelle, difficile, longue et sans remède
Au dire de la Faculté ;
Pour vous il avait en réserve :
Dites ce nom, vous qu'il préserve
Des périls, vous dont il conserve,
Riches, petits, et grands, et pauvres, la santé.

Étonnée, à ce nom, la mort rend ses victimes ;
Il confond, démasque *l'erreur ;*
Refoule les démons dans leurs brûlants abîmes ;
Met l'homme à l'abri du *malheur ;*
La lèpre ou toute maladie
Qui du corps attente à la vie
Est *par lui promptement guérie.*
Chacun, tour à tour, a connu cette faveur.

A ce nom merveilleux, dans ses fureurs hautaines
La mer calme son flot ému ;
Des mains *des prisonniers il fait tomber les chaînes,*
Renvoie absous le détenu.
Des perclus les membres se dressent,
Jeunes et vieux à lui s'adressent,
Tous, unanimement confessent
Qu'ils recouvrent par lui ce *qu'ils avaient perdu.*

Il n'est point de péril à ce nom qui ne cède ;
    Il n'est point de *nécessité*
Pour laquelle à l'instant lui-même n'intercède ;
    Ce nom si plein d'autorité
    A le bénir chacun se voue :
    Et la terre entière le loue.
    Salut ! Antoine de Padoue,
Ton nom, ce qu'il est, tous l'ont expérimenté.

Maintenant donc, debout, hommes de toute race,
    Femmes, vieillards, petits enfants,
Rois et sujets, debout, hommes de toute classe,
    Vous les heureux, vous les pleurants :
    Venez ajouter à sa gloire
    A son immortelle mémoire
    Un souvenir de votre histoire,
Une page, où plus tard liront nos descendants.

Qu'à leur tour, à l'envi, les arts et les sciences
    Se groupent devant son autel,
Racontent ses bienfaits et les expériences
    Qu'en fait de tout temps le mortel.
    Devant sa céleste figure
    Que les charmes de la peinture
    Et les grâces de la nature
Rivalisent d'éclat dans un savant duel.

Qu'avec sa majesté douce, l'architecture
    Lui dresse ses grands monuments,
Et pour les embellir appelle la sculpture
    Avec ses riches ornements.
    Puis, qu'au dedans, la poésie
    A sa sœur la musique unie,
    Répande des flots d'harmonie,
Et nous fasse goûter du ciel quelques moments.

Ne nous étonnons plus si, dans nos basiliques
 Comme dans nos humbles hameaux,
La chère image trône au milieu des cantiques,
 Parmi les fleurs et les cadeaux.
 Vers lui sont toutes les demandes,
 Pour lui sont toutes ces guirlandes,
 Pour lui sont toutes ces offrandes,
Pour lui tous ces trésors tant anciens que nouveaux.

Là glissent dans des troncs ces lettres gracieuses
 Que le saint reçoit des enfants ;
Les vôtres sont aussi non moins délicieuses
 Jeunes filles et jeunes gens.
 Mais, qu'elles sont donc confiantes,
 Dans leur amour édifiantes,
 Dans leur foi vive suppliantes
Ces lettres que le saint reçoit de leurs mamans !

Parmi ces *ex-voto* les uns sont comme gages
 Des soupirs, des vœux adressés ;
Et les autres, déjà, comme des témoignages
 Des désirs, des vœux exaucés.
 Les foules qui dans la tristesse
 Vont, reviennent dans l'allégresse
 Chantant dans une douce ivresse :
Le saint n'a pas déçu nos espoirs caressés.

Combien tristes pourtant de la nature humaine
 Et mystérieux sont les maux
Qui surprennent la vie et composent sa chaîne
 D'autant d'innombrables anneaux !
 Mais, où l'art dans son impuissance
 Déclare son incompétence
 Et confesse son ignorance,
Antoine arrive avec ses remèdes nouveaux.

PRÉFACE

Les amis de DIEU, *les saints, ont comme une double histoire. La première, histoire de leur vie mortelle, va de leur berceau à la tombe; la seconde, histoire de leur vie posthume et glorifiée, commence au jour de leur sépulture, et embrasse les siècles.*

Nous avons déjà traité des miracles opérés de son vivant par saint Antoine de Padoue (1). *C'est la première histoire de cette vie qui, bien rapide et bien courte au milieu de nous, fut, cependant immensément féconde en vertus, en travaux, en merveilles de toutes sortes. Déjà on pouvait écrire: « Antoine, ressuscite les*

(1) *Merveilles opérées de son vivant par saint Antoine de Padoue.* (Librairie Salésienne, Marseille, 78.)

morts, dissipe l'erreur, détourne les calamités, chasse les démons, guérit les lépreux, donne la santé aux malades, apaise les flots de la mer, brise les chaînes des captifs, redresse les membres perclus, rend à qui les lui demande les objets perdus, protège dans les périls, vient à l'appel et au secours de toute nécessité qui l'implore. »

Ce résumé de prodiges, écrit en prose rimée et si connu sous le nom de Répons miraculeux, *est, à son tour, comme la préface de la seconde histoire du saint, ou de sa vie posthume et glorifiée. Il est en même temps, comme un programme à remplir, et que remplissent les générations et les siècles. Léon XIII l'a bien dit de nos jours :* « Saint Antoine de Padoue est le saint de tout le monde. »

Dans la division des grâces, dans l'ensemble des dons du ciel, les élus de Dieu *ont reçu chacun une spécialité qu'ils exercent dans l'Église. Le don des miracles est la spécialité de saint Antoine de Padoue; et le caractère de cette spécialité c'est d'être universel. Tous les saints ont plus ou moins participé à ce don des miracles; mais il leur a été communiqué, en quelque sorte, avec mesure, accordé dans telle ou telle condition, pour tel ou tel cas, il a été restreint dans son exercice, il n'a pas embrassé tous les états et toutes les causes. Antoine de Padoue est le Thaumaturge universel. Sa vertu est aussi variée, aussi multiple dans son application, que sont nombreux sur les degrés de l'échelle humaine les besoins de l'existence ici-bas. Elle s'intéresse aux exigences des corps comme à celles des âmes; elle s'étend au spirituel comme au temporel; à la vie comme à la mort; aux petits, aux ignorants, aux pécheurs, aux pauvres, comme aux puissants, aux savants, aux riches, aux justes. Elle éclaire, elle console, elle fortifie, elle préserve, elle guérit, elle ressuscite Elle répond à tous les appels ; elle s'adresse à tous. C'est ainsi que le Thaumaturge Antoine de Padoue est vraiment le saint de tout le monde.*

Rien n'est plus facile à constater : les preuves sont innombrables. La tâche devient par trop difficile, à cause de cette surabondance des témoignages que nous ne voudrions pas multiplier, afin d'éviter la monotonie. Mais, alors, lesquels choisir ? lesquels offrir à nos amis lecteurs ? Quelle raison de retrancher l'un plutôt que l'autre dans ces faits miraculeux, dont chacun a son intérêt et son charme ? Nous avons cru, cependant, faire le sacrifice du nombre, et garder ainsi à notre travail l'attrait de la variété. Nous puiserons dans chaque siècle et aux sources les plus authentiques, comme aussi, dans les témoignages qui, de nos jours, s'élè-

vent de toutes parts à la gloire du Semeur de miracles.

L'ordre naturel à suivre dans notre étude nous semble tout indiqué dans le Si quæris miracula.

Ce travail sera donc divisé en douze petits chapitres correspondants aux douze titres du Répons. *Chaque chapitre contient et remplit le programme dont la rubrique sous laquelle il se range, donne l'énoncé. Cette classification aura, ainsi, le double avantage de grouper les miracles du même genre, d'après le sujet qui les indique ; et d'éviter au lecteur, tout en lui ménageant l'agrément de la variété, la confusion et les longues recherches qui résulteraient nécessairement d'une citation sans ordre et sans plan.*

Les lecteurs nous sauront gré, avant tout, de connaître et d'avoir sous les yeux le texte ou la formule du Si quæris *avec sa traduction en français.*

On l'appelle Répons miraculeux *non seulement, parce qu'il énonce d'une manière sommaire les miracles opérés par le Thaumaturge, mais encore, parce qu'il produit, soit par la foi des fidèles, soit par la vertu qu'il semble avoir de lui-même, des grâces, des bienfaits signalés, et qui tiennent du prodige.*

RÉPONS MIRACULEUX

Si vous voulez des miracles, écoutez : La *mort*, l'*erreur*, les *calamités*, les *démons*, la *lèpre* sont en fuite ; les *malades* sont guéris.	Si quæris miracula Mors, error, calamitas Dæmon, lepra fugiunt Ægri surgunt sani.
La *mer* s'apaise, les *chaînes* tombent des mains des captifs ; jeunes et vieux demandent l'usage de leurs *membres* et le recouvrement des *objets perdus*, et ils l'obtiennent.	Cedunt mare, vincula: Membra resque perditas Petunt et accipiunt Juvenes et cani.
Les *dangers* disparaissent ; la *misère* n'existe plus ; qu'ils le racontent ceux qui ont éprouvé ces bienfaits ; que les habitants de Padoue le redisent.	Pereunt pericula : Cessat et necessitas. Narrent hi qui sentiunt. Dicant Paduani.

Cedunt mare, etc.

Gloria Patri et Filio et Spiritui Sancto.

Cedunt mare, etc.

Ora pro nobis, beate Antoni.

Ut digni efficiamur promissionibus Christi.

OREMUS. — Ecclesiam tuam, Deus, beati Antoni, confessoris tui, commemoratio votiva lætificet, ut spiritualibus semper muniatur auxiliis et gaudiis perfrui mereatur æternis. Per Christum Dominum nostrum.

La mer s'apaise, etc.

Gloire au Père, au Fils et au Saint-Esprit.

La mer s'apaise, etc.

Priez pour nous, bienheureux Antoine.

Afin que nous soyons dignes des promesses de JÉSUS-CHRIST.

ORAISON. — O mon DIEU, que la puissante intercession du bienheureux Antoine, votre confesseur, réjouisse votre Eglise, en lui obtenant toujours de nouvelles faveurs spirituelles et la jouissance des joies éternelles. Par JÉSUS-CHRIST Notre Seigneur.

LE SAINT
de tout le monde

CHAPITRE PREMIER

Saint Antoine ressuscite les morts.

On compte un grand nombre de résurrections de morts opérées, de son vivant, par l'illustre Thaumaturge. C'est par un de ces prodiges qu'à Verceil, où il prêchait le carême, il inaugura l'ère de son apostolat. En France dans le Limousin, à Gémone, en Italie, en Sicile, il opéra les mêmes merveilles. Il les continue dans sa vie posthume et glorifiée. Saint Antoine de Padoue ressuscite les morts. C'est ainsi, d'ailleurs qu'on l'invoque dans ses litanies.

A l'appui de cette vérité nous allons citer, ou plutôt, choisir quelques traits, dans le nombre de ces merveilleuses résurrections.

La foi d'une mère.

Le petit Parisius n'a que cinq ans. Il est le neveu du bienheureux Antoine, et habite Lisbonne avec ses parents. Un jour, qu'il prenait ses ébats avec d'autres enfants sur le bord du Tage, la nacelle sur laquelle se trouvait montée la petite troupe, vint à se renverser. Tous se sauvent à la nage ; lui seul, le petit Parisius, est englouti dans les flots. La mère survenant, trois heures après, des pêcheurs lui remettent le cadavre de son fils. Sur l'insistance du père, qui voulait le faire ensevelir, elle s'écrie : « Ou bien laisse-le-moi, ou bien ensevelis-moi avec lui. » Puis au milieu de ses sanglots, s'adressant au bienheureux Antoine, son frère, comme s'il eût été présent et visible : « O vous, dit-elle, qui êtes si bon et si admirable à l'égard de ceux qui vous sont étrangers, seriez-vous insensible à la voix du sang ?... Seriez-vous sourd aux supplications de votre sœur ?... Ayez pitié de moi, et rendez-moi mon enfant ; je vous promets de le consacrer au Seigneur dans votre Ordre. » La prière était exaucée. Une fois, encore, le Thaumaturge avait commandé à la mort. L'enfant se leva plein de vie.

Le petit ressuscité entra plus tard, selon le vœu de sa mère, dans l'Ordre des Frères Mineurs, où il vécut et mourut saintement (1).

(1) *Bollandistes.*

Ad pondus pueri.

Un enfant de vingt mois, nommé Thomasio, dont les parents habitaient près de la basilique de Padoue, fut laissé imprudemment seul à la maison. Il s'y trouvait une grande cuve pleine d'eau. Le petit y tomba; et, quand sa mère rentra au logis, elle le trouva noyé; le corps était déjà froid. Le bruit de cet accident se répandit dans la ville; et les voisins affligés vinrent consoler la mère, qui ne cessait de remplir le quartier de ses lamentations et de ses cris. Parmi les visiteurs se trouvaient des Frères Mineurs et quelques ouvriers qui travaillaient à l'église voisine. Sur leur conseil apparemment, la mère, faisant trève à son désespoir, se tourna avec une confiance et une foi admirables vers le Thaumaturge franciscain. Elle fit vœu, si saint Antoine ressuscitait son fils, de donner aux pauvres, en son honneur, autant de blé que pesait le corps de son fils : *Vovit quod pondus pueri de tritico daret pauperibus, si ipsum beatus Antonius a mortuis suscitaret.*

Elle continua quelque temps ses ferventes prières : L'enfant ressuscita, à la joie indescriptible de la mère, à la stupeur et à l'admiration de toute la cité (1231) [1].

Choix embarrassant.

Le trait suivant est plus merveilleux encore, que les deux précédents. Le fait a lieu en Portugal à peu près vers la même époque (1232).

Il s'agit d'une toute jeune princesse, de l'infante, d'après certains auteurs.

(1) *Liber miracul.* — *Chroniq. des vingt-quatre Généraux.* — *Analecta francisc.* — *Voix de saint Antoine.*

Elle était tombée si dangereusement malade, que tout espoir de la sauver s'était évanoui. Les médecins croyaient inutile de tenter des remèdes et ne la visitaient que pour la forme. Sa mère, cependant, eut recours à saint Antoine. « Souvenez-vous, lui disait-elle en pleurant, souvenez-vous que vous êtes né dans notre royaume. Suppliez le Seigneur de conserver la vie à mon enfant et de la guérir. »

Or, tandis que la petite malade sommeillait, vers le milieu de la nuit, le saint lui apparut et lui dit « Me reconnais-tu ? Je suis Antoine, et je viens à toi, attiré par les supplications de ta mère. Choisis donc : veux-tu mourir, le Seigneur te remettra tes péchés avec leurs peines ; et, tu seras, aujourd'hui même, avec moi dans le ciel : ou bien, veux-tu vivre, pour rester encore dans ce monde avec ta mère, et je te rendrai immédiatement

Résurrection de la fille de la reiné du Portugal
(d'après une ancienne gravure.)

la santé?... La pauvre enfant opta pour la vie temporelle, et elle fut à l'instant même, guérie. Dans sa vision, elle saisit la corde du bienheureux et se mit à crier, en appelant sa mère..... Celle-ci accourut avec les dames du palais; et, devant l'évidence du miracle, elle éclata en actions de grâces (1).

Une autre version porte que c'est bien du sommeil de la mort que saint Antoine tira la jeune fille, laquelle s'écria : « Mère, qu'avez-vous fait? J'étais dans la gloire, parmi les chœurs des vierges; le bienheureux Antoine a tellement insisté auprès de Dieu, sur votre prière, que, revenue à la vie terrestre, j'ai été envoyée vers vous. Mais, sachez bien ceci : j'ai la parole du Seigneur, vous ne m'aurez que pendant quinze jours (2). »

(1) *Bollandistes.*
(2) *Liber miracul.* — Wadding.

Magna est fides tua.

Le 24 mai 1618, un incendie se déclare à Padoue dans une tour adhérente à un édifice public, nommé *Mallium,* dans le *jardin des Fous.*

Immense fut le désastre. Les maisons voisines devinrent la proie des flammes. Cinquante personnes y perdirent la vie. Parmi les victimes se trouvait François Antoine, fils de Bernardin Fursani et de Petrine, de *Monte Silice,* un petit enfant de trois ans à peine. Deux heures durant, il demeura enseveli sous un amas de décombres. Quand on le retira, ce n'était plus, au témoignage de tous, qu'un cadavre. Mais le père, dans sa foi inébranlable, l'emporte dans ses bras, et vient le placer au pied de l'autel où repose le corps du Thaumaturge. Sa confiance fut à l'instant récompensée ; et, plein de joie il ramena à la maison le petit ressuscité.

Ce miracle fut reconnu et attesté dans l'examen qui eut lieu à Padoue le dernier jour de mai de la dite année 1618, en présence du Rme Paul Gualdi, archiprêtre et vicaire général de la cathédrale ; de dom Aloysius Ponte, primicier de Padoue ; et du T. R. P. Paul Samsoni, inquisiteur.

Le double appel.

Terminons ce chapitre par un de ces faits qui paraîtraient vraiment incroyables, si nous ne savions, au témoignage de saint Bonaventure, et par l'expérience des siècles, que rien n'est impossible à saint Antoine de Padoue.

Il ne s'agit plus, ici, de la résurrection

de quelques petits enfants ; c'est un homme, un mort de cinq jours, rappelé à la vie par le Thaumaturge

Son nom était Antoine Tortoman, du Mont-Mur, ville du royaume de Naples. Il était très dévot au saint.

Un jour, comme il se rendait à Ferrandine pour acheter des toiles, il s'arrêta, sur le soir, chez un de ses amis. Là, il noua connaissance avec deux voyageurs qui soupèrent avec lui. Déclara-t-il, dans un moment d'expansion, qu'il portait sur lui de l'argent ?... On dut le supposer, du moins, puisqu'il allait acheter des toiles de fin lin. Bref, le lendemain matin, s'étant levé pour continuer sa route, il ne fut pas peu surpris, en débouchant dans une vallée profonde qui coupe la voie publique, aux limites de Picerne et de Baragione, de voir venir à lui, non plus en âmis, mais en voleurs, ses trois commensaux de la veille. Ceux-ci lui ordonnent de s'arrêter : puis ils se jettent sur lui, le garrottent. Le malheureux appelle par deux fois saint Antoine à son secours :

« Oui, invoque ton saint Antoine, réplique, en ricanant, celui des trois bourreaux qui paraissait être le plus acharné ; invoque-le donc ; et, en même temps, il lui assénait sur la tête un violent coup de maillet, et lui faisait plusieurs blessures mortelles. Les deux autres frappaient, aussi, en aveugles, et ne cessèrent que lorsque la victime ne donna plus signe de vie. Le cadavre fut, alors, jeté dans une fosse profonde, que l'on recouvrit de pierres, de terre et de feuilles. Il resta ainsi cinq jours entiers ; et il entrait en putréfaction, quand le saint de Padoue vint à lui. Il l'appelle par son nom, et à deux reprises, comme s'il eût voulu l'éveiller d'un profond sommeil ; puis, il le retire de la fosse, enlève de sa face le sang coagulé et les vers qui la rongeaient; puis le prenant par la main, il le met sur le chemin qui va à Picerne. Là, le congédiant : « Vous m'avez, lui dit-il, appelé par deux fois ; par deux fois, aussi, je vous ai appelé pour vous ressusciter. Maintenant, allez : gardez-vous cependant, de vous venger de vos bourreaux, ni même de les dénoncer. Seulement, en mon honneur, vous direz, tous les jours, trois *Pater* et trois *Ave*.

Telle était la stupeur d'Antoine Tortoman, qu'il était comme hors de lui. Tout ce qui venait de s'accomplir lui semblait un rêve. Il allait sur son chemin, comme un automate. Reprenant cependant ses sens, il arriva chez lui. Or, durant deux mois, il resta dans un silence, dans un isolement complet, absolument étranger à tout ce qui se passait autour de lui, laissant pousser les cheveux et la barbe, il était tout à fait indifférent au soin de sa personne. Enfin, le jour de la fête du saint, il poussa un grand cri : « O saint Antoine ! » il put, alors, raconter ce qui était arrivé...

Un témoin, recommandable par son savoir et par sa prudence, interrogea le ressuscité, et lui demanda ce qu'il en était advenu de son âme, tandis que son corps était, ainsi, gisant et privé de vie. « Elle n'était qu'à une bien faible distance, répondit Tortoman ; et, considérant toutes ces blessures, elle disait : Oh ! quelle cruauté on exerce sur cette chair malheureuse (1). »

Cet étrange phénomène de résurrection pourra faire sourire plus d'un incrédule ; étonner, même, plusieurs de nos lecteurs qui connaissent, cependant, le *semeur de miracles*. Nous leur répondrons « qu'il ne faut pas moins de puissance pour res-

(1) *Bollandistes,*

susciter un petit enfant, mort depuis une heure, que pour ressusciter un homme mort depuis cinq jours ; et, si ce dernier prodige paraît plus étonnant, il n'en est que plus glorieux à l'adresse du Thaumaturge.

D'ailleurs, les témoignages ne manquent pas en faveur de cet étonnant miracle qui eut lieu en 1678.

A l'autel des Frères Mineurs Conventuels de Naples, se voit l'ex-voto qui proclame le fait. De plus, on en conserve, dans les archives du couvent, l'acte authentique, signé par l'évêque de St-Ange, qui interrogea et examina, lui-même, le ressuscité. Enfin, c'est dans ce même couvent qu'Antoine Tortoman, quittant le monde, embrassa la vie religieuse.

Les *résurrections* opérées par saint Antoine ont inspiré les grands maîtres, qui les ont immortalisées dans leurs chefs-d'œuvre.

Domenico Morone, dans ses fresques (Vérone : Église Saint-Bernardin) Pietro della Francesca (Galerie de Pérouse) xve siècle.

Antonio Minelli et Jacopo Sansovino: bas-reliefs (Chapelle du Santo, Padoue) xvie siècle.

Domenico Campagnola : peinture (la Scuola del Sancto, xvie siècle.

Girolamo Pennachi (Chapelle Saint-Antoine, dans l'église Petronio, Boulogne) xvie siècle.

Une gravure du xve siècle découverte à Rome, expose en médaillons et par un fait miraculeux correspondant, chaque titre du *Si quæris miracula* : La mórt vaincue y est représentée par une résurrection.

CHAPITRE II

S. Antoine met en fuite l'erreur.

C'est dans ses luttes contre l'erreur, dans ses triomphes sur l'esprit de mensonge et sur ses partisans, qu'Antoine de Padoue mérita le glorieux surnom de *marteau infatigable des hérétiques.*

« Il était si bien armé, dit l'auteur anonyme, de textes décisifs, empruntés à la Sainte Écriture ; ses preuves étaient si solides et si évidentes, que les malheureux adeptes de l'erreur n'osaient ni paraître en sa présence, ni ouvrir la bouche pour lui répondre. Il excellait dans l'art de découvrir leurs ruses et leurs fraudes, il savait entraver leurs projets ; il mettait à nu leurs doctrines infâmes et il leur imprimait le stigmate de sa parole. Il n'avait pas son pareil dans toute la chrétienté ; il avouait, lui-même, publiquement, qu'il ne connaissait personne qui poursuivît les hérétiques avec tant de rigueur et tant de constance. » Impossible d'échapper à la puissance, à la logique des arguments de l'apôtre. Acculés dans leurs derniers retranchements, ils lui demandent de prouver la vérité, non par des paroles, mais par des faits. Antoine commande à la mule de se prosterner devant le Sacrement de nos autels qu'il lui présente, et de rendre ainsi témoignage à la *présence réelle*. Et la mule obéit.

A Rimini, les hérétiques refusent d'aller l'entendre de peur d'être convaincus. Antoine se dirige alors sur le bord de la mer, et s'adresse aux poissons ; et, tout en prêchant les habitants des eaux, il devient un grand pêcheur d'hommes.

Le miracle de l'Eucharistie. *(Reproduction d'une ancienne gravure.)*

D'ailleurs, comme le recommande saint Paul à Timothée, il prie, supplie, réprimande, insiste, persiste avec cette patience qui triomphe de tout.

Après sa mort, il continue ses luttes et ses victoires sur *l'erreur*.

Comment une coupe en verre ne se brise pas ; et comment un sarment desséché refleurit.

Un soldat, élevé dès son enfance dans l'hérésie, ayant entendu parler, dans un dîner, des prodiges du Thaumaturge, mort depuis peu, se prit à sourire, dans son incrédulité. « Je croirai, dit-il, que cet homme est un saint à miracles, s'il empêche ce vase de se briser. » En même temps, il prend sa coupe et la lance contre terre de toute la force de son bras. Le verre rebondit sur le pavé, mais ne se brisa pas (1). Ce que voyant, l'hérétique abjura ses erreurs, et s'attacha à Jésus-Christ avec une foi parfaite.

Quelque temps après, comme il n'était bruit de toutes parts que de cette coupe merveilleusement préservée, on racontait le fait dans une réunion. Là, encore se trouva un incrédule. Souriant avec malice, il prit un verre d'une main, et, de l'autre, des sarments desséchés : « Si le bienheureux Antoine, dit-il, fait pousser des raisins à ces sarments, et que ces raisins, exprimés, me donnent assez de vin pour remplir cette coupe, à la bonne heure, voilà un miracle ! Je croirai, alors sans peine, à votre Thau-

(1) *Hæreticum lux fidei.*
Signo purgat dum jacitur.
Ab alto vasis vitrei.
Frangilitas non frangitur.
(Liturgie franciscaine, hymne de l'office.)

maturge. » Mais quelle ne fut pas la stupeur de l'assemblée, lorsque, à ce défi, on vit les sarments reverdir, se couvrir de feuilles et de fruits : les raisins gonflent, mûrissent à vue d'œil ; et un vin nouveau remplit jusqu'aux bords le verre de l'incrédule. De rieur, celui-ci devint le panégyriste du Thaumaturge (1).

Le miracle du verre et de la conversion d'Aleardino, a été reproduit par Paolo Stella, et Giovanni Maria dit Mosca, *(bas-reliefs, chapelle du Santo).*

D'une même pierre deux coups.

Les ennemis de la foi humiliés, terrassés pendant la vie du saint par cette parole éloquente qui les convainquait d'erreur, crurent pouvoir prendre leur revanche, maintenant que le mort se

(1) *Bollandistes.*

taisait, et ne se révélait dans son tombeau que par ses miracles. Ces miracles, ils voulurent les faire passer aux yeux du peuple comme autant de supercheries. En conséquence, quelques-uns de ces hérétiques se rendent à Padoue, et l'un d'eux feignant d'être aveugle, mit sur ses yeux un bandeau de pourpre ; tandis que ses compagnons le conduisaient au tombeau d'Antoine. Le plan était infernal. Le faux aveugle devait, au bout d'un certain temps, arracher le bandeau, et crier au miracle ; les assistants n'auraient pas manqué d'applaudir ; alors, seulement, on aurait révélé à la foule le succès du stratagème dont on avait usé : la conséquence était facile à tirer : « Voilà le cas que l'on doit faire des prétendus miracles du Thaumaturge : Jugez-en d'après celui-ci. » L'imposteur est donc devant la châsse du saint ; les fidèles, touchés de compassion intercèdent pour lui. Une heure environ s'écoule. Le faux aveugle se mit alors à crier, selon qu'il était convenu : « Saint Antoine m'a guéri ! » Ses compagnons d'approcher, d'enlever le bandeau et de faire constater aux fidèles le fameux miracle. Ils s'apprêtent à rire. Horreur ! les deux yeux étaient restés sanglants sur l'appareil. Terrifiés à ce spectacle, touchés de componction, ils avouèrent humblement leur fourberie. Ils firent mieux, ils prièrent avec ferveur, ils crurent, ils se convertirent. Comme de son vivant, saint Antoine se vengea par la charité : il rendit le bien pour le mal. Le malheureux qui avait voulu tourner en dérision ses miracles, en bénéficia, tout d'abord. En même temps que ceux de son âme recevaient la lumière de la foi, ses yeux du corps se rouvrirent à la lumière du jour (1).

(1) *Bollandistes.*

Conversion de l'hérétique Aleardino
à la vue d'un miracle de saint Antoine, p. 42.

Il est dur de regimber contre l'aiguillon.

Dans le fait suivant, le bienheureux Antoine se révèle tout entier avec sa patience persévérante qui triomphe enfin.

Henri Hintz était un jeune luthérien, originaire de Mechlembourg. Il avait été appelé et retenu pour affaires à Benthein. Là, il occupait, dans une maison catholique, une chambre dans laquelle on avait placé sur une table, une image de saint Antoine, d'un modeste format et dont le cadre était plus modeste encore. Le hasard voulut que cette image fut suspendue à la muraille au rebours, de telle sorte que le saint avait la tête en bas et les pieds en haut. Henri Hintz ne s'en était pas aperçu, quand un jour, quelques-uns de ses amis, qui étaient catholiques, entrèrent dans sa chambre. L'un d'eux, voyant l'image renversée, la replaça convenablement, disant à Henri :

« C'est un grand péché de manquer ainsi de respect envers les saints. » Henri s'excusa : « Je n'y suis pour rien, » dit-il. L'autre insiste : « Je suis étonné que DIEU supporte ainsi l'outrage fait à son serviteur. » Piqué au vif, mais dissimulant son émotion. « Voudriez-vous, par hasard, répliqua l'hérétique, que cette image se redressât toute seule ? — Pas de plaisanterie, répond le catholique, car DIEU qui a opéré tant de miracles par ses saints, pourrait bien faire celui-ci. » Ces propos firent rire son interlocuteur, qui, prenant l'image, malgré l'avis contraire de ses amis, la remit la tête en bas, jurant que si d'elle-même, elle revenait à son état normal, il se ferait catholique, sur le champ. Là dessus, il congédie ses visiteurs ; et, la chambre évacuée, il sort le dernier, ferme et emporte la clé. Peu de temps après, il rentra chez lui ; mais, ayant l'esprit rempli de ses affaires, il avait, déjà, oublié la scène qui avait eu lieu. Or, en ouvrant la porte, il vit la sainte image sur la table debout sur ses pieds. Ce spectacle l'immobilise de stupeur. Pour s'y soustraire il se précipite dans la rue, ayant garde de raconter son aventure, de peur d'être tourné en ridicule. Le soir, il rentra chez lui le plus tard possible ; il n'osait ni toucher ni regarder la sainte image. Pour se débarrasser d'un objet aussi importun, il la donna en cadeau à une personne. Mais, en se délivrant de l'image, il ne fut pas délivré de sa promesse : la terrible vision le poursuivait. Il quitta alors la maison qu'il habitait, et, même la ville : précautions inutiles. La vision était toujours là. Il fallait cependant en finir. Il prit du service dans la marine hollandaise, et, après avoir navigué jusqu'à Smyrne, il rentra par l'Italie pour regagner ses foyers. Le repos n'avait pu le distraire; les distractions n'ont pu le reposer. Il voyage, visite Rome et ses sanctuaires : c'est inutile. Peut-être réussira-t-il au milieu du bruit des camps! A Florence, il s'enrôle dans les armées de Cosme III, duc de Toscane. On l'envoie à Porto-Ferrajo. C'est là que la sainte image acheva son œuvre. L'évêque de Massa étant venu visiter l'île, Henri abjura entre ses mains l'hérésie luthérienne pour embrasser la religion catholique. Il ne s'en tint pas là, il quitta la milice. Bientôt après, il se retirait à Sienne, et revêtait sous le nom d'Antoine l'habit franciscain dans le couvent des Mineurs Convenuels de cette ville (1).

(1) *Bollandistes.*

Le soufflet et la discipline.

Vers la fin du XVIIe siècle, un clerc plein de zèle et pénétré des vertus de son état, était passé du Bengale sur les côtes du Coromandel pour recevoir les saints Ordres. Il se destinait à une mission difficile et lointaine dans laquelle les hommes apostoliques n'avaient pas encore pénétré.

Voici quelle fut l'origine de cette Église naissante. Le chef de ce pays idolâtre avait été fait prisonnier de guerre par les Portugais, vingt ans auparavant. Pendant longtemps, il demeura attaché à ses dogmes superstitieux. Les raisons les plus fortes que lui représentaient les Missionnaires, ne purent le décider à embrasser la religion catholique. Cependant, le jour de la grâce arriva pour lui. Il fut ébranlé par un songe, ou plutôt, par une vision dans laquelle saint Antoine lui apparut. Le saint voulant donner au prince obstiné des marques de sa tendresse paternelle, lui administra un vigoureux soufflet dont il garda longtemps la trace sur la joue. A l'heure même, il lui persuada de renoncer à ses idoles, pour embrasser la vraie foi, et se consacrer à la conversion de sa patrie. Le prince ne voulut pas différer davantage l'exécution de son dessein. Il demanda à être purifié dans les eaux salutaires du baptême, et prit le nom d'Antoine. De plus, il voulut qu'on donnât ce nom à la mission qu'il allait fonder, et qui, depuis, porte en effet, le nom de *Mission Saint-Antoine*.

Le nouvel apôtre se dévoua corps et biens à la conversion de son peuple. Il se mit à l'instruire par ses discours et par ses exemples, avec un zèle admirable, qui fut couronné des plus riches résultats.

des raisins, p. 43. (*D'après une ancienne gravure.*)

On le voit, le Thaumaturge était puissant en œuvres et en paroles. Au besoin, il avait une manière à lui d'enseigner la vérité et de dissiper l'erreur ; et cette méthode lui réussissait à merveille. L'exemple qui suit en est une nouvelle preuve. Le fait s'est passé vers la même époque en faveur d'un jeune esclave indien.

« Celui-ci avait été acheté par les Pères de Saint-Augustin, établis alors dans l'Inde. Les Missionnaires mirent tous leurs soins à l'instruire des vérités du salut ; mais ils ne purent venir à bout de vaincre l'obstination du petit païen, très épris du culte de ses ancêtres. Or, un jour, tandis qu'il était seul dans une chambre où se trouvait une image de saint Antoine de Padoue, on l'entendit pousser des cris terribles. Les Pères accourent. Que s'était-il donc passé ?..... Le saint, dont l'image était suspendue à la muraille, avait tout simplement dénoué la corde qu'il portait autour des reins, et administré au rebelle une volée de coups de discipline. Il lui avait ordonné, en même temps, d'embrasser la religion de Jésus-Christ. »

C'est ce qui eut lieu peu de jours après.

Non content d'être chrétien, le nouveau converti prit l'habit religieux, et commença à prêcher l'Évangile. Les succès qu'il obtint furent tels, qu'en peu de temps, il convertit jusqu'à vingt mille païens. Les Pères de Saint-Augustin ne pouvant pas suffire, à eux seuls, pour baptiser et catéchiser convenablement un si grand nombre de néophytes, firent appel aux Missionnaires voisins. Ceux-ci répondirent à leur invitation, et ils mirent la faux à cette moisson jaunissante. Dieu bénissant leurs efforts, le nombre des chrétiens se multiplia d'une manière prodigieuse.

CHAPITRE III

Saint Antoine détourne les calamités.

L'EXPÉRIENCE l'atteste ; souvent, pendant sa vie le saint a arrêté la pluie, les orages, a commandé à l'air, au feu, aux éléments.

Il continue, après sa mort. Il détourne les calamités, les maux de quelque nature qu'ils soient, qui menacent un pays, une contrée, une ville, tels que : incendies, inondations, famine, peste.

Il pacifia l'Italie ; il peut conjurer le fléau de la guerre. Et, dans les temps de sécheresse, ce n'est pas en vain qu'on l'a invoqué.

Il serait à souhaiter qu'il y eut dans chaque famille la statue ou l'image du saint. Le foyer serait ainsi sous la protection du Thaumaturge, qui préserve de tout mal.

Voyons, à l'appui de cette invocation ces faits merveilleux.

« *Fr. Barthélemy, ne crains rien.* »

Après la mort de l'empereur d'Allemagne Frédéric II, son allié, le fameux Eccelin III, comte de Romano, se considérant comme seigneur indépendant, ne mit plus de bornes à ses atrocités et à ses brigandages. Toute plainte contre sa domination était étouffée dans le sang. Padoue était en son pouvoir ; et, dans les cachots de la ville, il laissait ses victimes expirer ou pourrir de misère. S'il les en tirait, c'était pour les envoyer par bandes au supplice, afin de remplir les autres de terreur. A ses yeux, non seulement l'ancienneté de la race, l'opulence, la valeur, la cléricature, étaient des crimes dignes de mort, mais encore la piété, la beauté, tout ce qui pouvait attirer la considération ; par le fait même, on avait tout à craindre du tyran. L'épreuve était donc longue et terrible pour la ville de Padoue. Cependant, comme autrefois, le saint veillait sur elle.

Une nuit, en 1256, tandis que le Fr. Luc Belludi qui avait été l'ami intime et le compagnon du bienheureux Antoine, et Fr. Barthélemy Corradino, Gardien du couvent, veillaient auprès du tombeau de l'homme de DIEU, versant des torrents de larmes, et conjurant le ciel d'avoir pitié de leur patrie, et de lui rendre sa liberté, une voix se fit entendre, qui prononça très clairement ces paroles : « Frère Barthélemy, ne crains rien, et ne t'abandonne pas ainsi à la tristesse ; car, pendant l'octave de ma fête, Padoue sera conquise par les croisés, et jouira de nouveau de ses immunités et de sa gloire (1). » Le fait vérifia la prédiction (2).

Le saint, on le voit, veillait après sa mort avec non moins de sollicitude que pendant sa vie, sur Padoue, sa patrie d'adoption.

Florence reconnaissante.

Florence avait connu de son vivant, et n'oublia jamais le saint qui fut son Missionnaire. Mais, la reconnaissance de la cité s'accrut à l'occasion de la peste qui se déclara dans ses murs et aux environs. Ce fléau que l'on croit être la peste noire et qui fit tant de victimes en Italie et en

(1) Extrait de la nomenclature des miracles soumis au jugement de l'évêque de Padoue. — P. At, *Hist. de saint Antoine*.

(2) Le pinceau de Filippo da Verone a reproduit ce fait. (*La Scuola.*)

France, sur la fin du XIVe siècle, se déchaîna sur les bords de l'Arno, semant au loin l'épouvante. Florence invoqua le Thaumaturge dont la puissance arrêta le progrès du mal. Aussi, son autel se chargea d'*ex-voto* de tout genre. On s'y disputait les messes qu'on y célébrait toute la matinée (1).

Dans le trait suivant la protection du saint se révèle d'une manière plus intime, il est vrai, mais plus extraordinaire encore.

Préservation merveilleuse.

Le 21 mars 1686, à Piran, le feu prit à un de ces pressoirs qu'on appelle vulgairement *puncta*. On craignait beaucoup pour le voisinage ; car, d'un moment à l'autre, l'incendie pouvait se

(1) Extrait de la Collection italienne.

communiquer à des granges à foin, qui étaient presque adhérentes, et envahir, ainsi, tout le quartier. Grâce à la protection de saint Antoine qu'on invoqua, tout fut respecté.

Ce qui est plus merveilleux dans cette assistance visible du saint, c'est que son image fixée au haut du pressoir, fut préservée des atteintes, non seulement du feu, mais encore de l'eau, qui, cependant, était lancée avec profusion pour éteindre l'incendie. Ainsi l'a attesté, signant de sa main Zozzius Petronius (1).

Passons, maintenant, dans une paroisse de Provence, qui possède une de ses reliques les plus insignes.

Il fait la pluie et le beau temps.

Le 28 avril 1834, la pluie est obtenue à la suite des supplications faites à

(1) *Bollandistes.*

saint Antoine dans une procession solennelle composée des deux paroisses de Cuges et de Castellet.

On a vu dans les temps de sécheresse qui désolaient cette contrée, des journées de ce genre qu'on pourrait appeler les *Fêtes de la pluie*. On sortait de la paroisse avec un ciel des plus sereins et une confiance plus sereine encore. Les passants, sur la route, secouaient la tête avec incrédulité. Et, le soir, la procession rentrait avec une pluie battante (1).

De la Chine (Hou-pé) on écrit :

« Au commencement de juin 1894, la sécheresse empêchait de semer le grain. Je récitai quelques prières en l'honneur de saint Antoine de Padoue pendant treize jours consécutifs. Or, dès le second jours, une pluie abondante vint consoler les chrétiens.

(1) Le crâne de saint Antoine à Cuges (*Bouches-du-Rhône*).

S. G. Mgr CÉSAIRE SHANG, F. M.
évêque tit. de Vaga, vic. apost. du Chang-Toung oriental.

A la fin de juillet, nouvelles alarmes : la pluie tombait par trop fort. On recourt de nouveau à saint Antoine, et la pluie cesse entièrement (1). »

Pieto Liberi, XVIIe siècle, a reproduit sous les traits d'une reine, la ville de Venise aux pieds du Thaumaturge, le remerciant d'avoir délivré son escadre en Morée. *(Venise, chapelle Saint-Antoine.)*

Bon saint Antoine, que ces faveurs temporelles que vous accordez aux pauvres Chinois les touchent, les fassent réfléchir et rentrer en eux-mêmes, et que, par votre intercession, ils arrivent à la connaissance du vrai DIEU.

(1) Mgr Césaire, év. miss. francisc., *à la Voix de saint Antoine*.

CHAPITRE IV

Saint Antoine de Padoue chasse les démons.

Le saint remporta, de son vivant, de grands triomphes dans ses luttes personnelles et directes avec l'ennemi du salut. La cathédrale de Lisbonne, le Puy, les grottes de Brive (Corrèze) St-Junien dans le Limousin, furent les principaux théâtres de ses glorieuses victoires sur le démon. Tantôt, il lui arrache le masque, le signale et dénonce publiquement sa présence ; tantôt, il le chasse des corps qu'il possède. « Il se mesurait avec toutes les puissances ennemies, dit l'un de ses historiens, et il leur faisait subir des défaites journalières. »

Dès l'heure où, tout enfant, il mit en

fuite le démon, en traçant de son doigt virginal le signe de la croix, qui resta miraculeusement imprimé sur la pierre, les annales de sa vie sont resplendissantes de phénomènes surnaturels. *Saint Antoine qui chassez les démons*, est-il dit dans ses litanies.

Le saint continue, dans sa vie posthume et glorieuse, sa guerre contre Satan. Son pouvoir est toujours non moins redoutable contre lui ; on éprouve les merveilleux effets de l'invocation de son nom.

Qui ne connaît le *Bref de saint Antoine*, vrai talisman surnaturel que l'on porte sur soi, et que l'on récite contre les embûches et les invasions du mauvais esprit. En voici l'origine :

Le Bref miraculeux.

Dans le royaume du Portugal, du temps du roi Denis, époux de sainte Élisabeth, vivait, à Saint-Irène, une malheureuse femme qui, malgré ses désordres, avait cependant conservé une grande dévotion à saint Antoine de Padoue. Elle était obsédée par le démon qui la sollicitait de se donner la mort. Elle l'entendait lui dire au fond du cœur : « Malheureuse, tels sont tes méfaits que tu ne peux en avoir merci qu'en te donnant toi-même la mort. » L'ayant déjà affreusement bouleversée par de telles insinuations, il voulut y mettre le comble, en lui apparaissant sous la forme du Christ. « Je suis, lui dit-il, celui que tu as outragé. Si, cependant, tu vas te précipiter dans le Tage, et que tu t'y noies pour l'expiation de tes offenses, je me tiendrai pour satisfait, prêt à t'accorder encore la gloire éternelle. »

Comme il multipliait ses apparitions, la pauvre femme trompée, profite un jour de l'absence de son mari et, à la troisième heure, se dirige vers le Tage. Sur son chemin se trouve une église de Frères Mineurs. Elle y entre pour se recommander à saint Antoine dont on célébrait justement la fête. Prosternée devant son autel, elle le conjure avec larmes ; puis la fatigue la fit tomber dans une sorte d'assoupissement durant lequel saint Antoine lui apparut et lui dit : « Femme, levez-vous et gardez cette cédule au moyen de laquelle vous serez délivrée des assauts du démon. » S'éveillant elle trouve, en effet, suspendu à son cou un billet en parchemin qui portait écrit en lettres d'or : *Voici la croix* ✝ *du Seigneur, fuyez, ennemis du salut. Le lion de la tribu de Juda, le rejeton de David a triomphé. Alleluia, alleluia !* Dès cet instant la tentation cessa.

Cependant, le roi Denis ayant appris le fait, voulut voir cette cédule... et il la garda. La malheureuse ainsi dépossédée, fut de nouveau en butte aux obsessions de Satan. Sur les instances et par l'intervention des Frères Mineurs, elle put enfin obtenir du roi la copie conforme et exacte de la cédule qui eut la même vertu contre le démon.

Elle la porta, en effet ; et, désormais entièrement revenue à DIEU, elle vécut encore vingt-deux ans dans le calme et la joie de la conscience.

Le Pape Sixte V a fait graver le *Bref* sur la base de l'obélisque de Saint-Pierre (1). Le Souverain Pontife Léon XIII, a attaché à sa récitation une indulgence de 100 jours.

Le *Bref*, sur toile, peut se porter attaché au scapulaire ou cousu sous les vêtements. L'expérience de tous les jours prouve son efficacité merveilleuse.

(1) JEAN DE LA HAYE, *apud. Boll.*

Ce que peut une mère.

Une jeune fille de Ferrare était tourmentée par le démon, qui la portait à toutes sortes d'extrémités. Quiconque l'approchait était reçu à coups de pieds, à coups de poings, à coups de dents, avec des injures et des malédictions épouvantables. Deux de ses parents la reçurent chez eux pour en prendre soin ; mais, tous leurs efforts échouèrent, ils ne purent en avoir raison ; et, pour l'empêcher de nuire, ils furent contraints, en dernier lieu, de l'attacher dans un coin de la maison à une forte chaîne de fer. La mère, cependant, navrée de douleur, fait violence au ciel par ses prières. Elle implore la Vierge Marie, tous les saints qui lui viennent à la pensée, et surtout, le saint de Padoue. En même temps, elle multiplie ses jeûnes, ses aumônes avec la douce confiance qu'elle sera exaucée.

Un jour enfin, le bienheureux Antoine lui apparaît : « Femme, lui dit-il, levez-vous : votre fille est guérie. » A l'instant, et sans la moindre hésitation, elle obéit et se dirige vers le réduit où la possédée était enchaînée. Elle la trouve en effet, telle qu'elle l'avait espérée. Elle tombe à genoux, en action de grâces et proclame, à haute voix, le grand miracle. On accourt : toute la ville est sur pied ; chacun veut constater de ses propres yeux le prodige ; la joie éclate de toutes parts. La jeune fille est conduite à Padoue comme en triomphe : parents, amis, connaissances, lui font un cortège d'honneur. Là, elle remercie son céleste libérateur ; et, comme souvenir du bienfait reçu, elle suspend en *ex-voto* aux murs du sanctuaire la chaîne dont elle avait été liée ! Ceci se passa en 1620.

Où donc est le petit Frère ?

L'épouse d'un riche marchand de Padoue était, depuis quatre ans, possédé par le démon qui la harcelait cruellement. Les exorcismes multipliés n'avaient pu avoir raison de cet hôte importun et féroce. Le Seigneur avait réservé cette gloire à saint Antoine. Conduite au mois de novembre 1668, au sanctuaire, et, de là, à l'autel, elle se jette d'abord à terre, poussant des hurlements effroyables, au point d'épouvanter les témoins de cette scène. Puis, s'avançant vers la châsse pour la vénérer, elle ouvre la grille et se place au-dessous du saint Corps. Elle demeura là, immobile et paisible tant que dura le saint sacrifice qui fut célébré à son intention. Quand elle reparut, son visage était tout rayonnant de joie. « Mais, où est donc le petit Frère ? » demanda-t-elle à l'assistance : ce petit Frère qui m'a conduite auprès de la châsse ?... » Personne ne l'avait vu. Mais tous s'écrièrent d'une même voix : O saint Antoine ! voilà bien votre œuvre (1).

Une double délivrance.

François-Xavier et Antoine Capuzzi étaient deux jeunes frères habitant le bourg de Lugo. L'un et l'autre étaient tourmentés par l'esprit malin. Chassé pour un temps au moyen des exorcismes, il revenait à la charge, et les persécutait avec plus de rage. Leur oncle les conduisit à Padoue. Le soir du 27 juin 1694, placés sous la châsse du Thaumaturge, ils furent complètement délivrés ; l'un, des transports furieux dont le démon l'agitait ; l'autre des entraves qui liaient la liberté de ses pieds (3).

(1) Extrait de la Collection italienne.
(2) Ibid.
(3) Extrait de la Collection espagnole.

Le monument du Thaumaturge à Brive, *Corrèze.*

Aux Grottes de Brive (Corrèze).

Martial Chantalat, mon grand-père, (nous disait une excellente chrétienne), avait aidé à conduire une jeune fille possédée du démon dans l'église des Cordeliers où eurent lieu les premiers exorcismes. On l'amena ensuite à S. Antoine (Grottes) ; et c'est là qu'elle fut complètement guérie, devant une foule énorme accourue à ce spectacle.

Quinze ans plus tard, en 1790, eut lieu aux mêmes Grottes, la délivrance d'une autre possédée, jeune personne de Noailles, qui est la commune voisine (1).

Nous pourrions multiplier ces traits merveilleux de délivrance. Ceux que nous venons de citer attestent suffisamment le pouvoir du Thaumaturge sur l'esprit du mal ; et nous portent à glorifier

(1) Bonnelye, *S. Antoine de Padoue.*

encore le Saint de tant d'autres délivrances bien autrement dignes d'intérêt : les délivrances des âmes que le démon tient dans l'esclavage du péché.

Ce sujet : *S. Antoine chasse les démons*, se trouve, d'abord, *dans la gravure de Rome*, XIVe siècle. Plusieurs grands maîtres l'ont encore traité.

Lorenzio da Viterbo, dans ses fresques (église Saint-François de Montefalco, XVe siècle).

CHAPITRE V

Saint Antoine guérit de la lèpre.

Au commencement de ma conversion, écrit saint François d'Assise dans son testament, j'avais une grande horreur de voir des lépreux ; mais, le Seigneur m'engagea dans leur compagnie ; je leur rendis tous les bons offices que la miséricorde demande ; et, en les quittant, je sentis que ce qui m'avait paru si amer s'était changé en douceur pour l'âme et pour le corps.

Le spectacle de ces infortunés que la société rejette de son sein, et qui étaient si nombreux en Europe à cette époque, ne pouvait manquer d'attendrir l'âme si compatissante de François. Ils personnifiaient, de plus à ses yeux, *l'Homme*

S. Antoine guérissant les lépreux. *(d'après une ancienne gravure.)*

de douleurs, celui qui s'était couvert comme d'une lèpre de nos péchés. Aussi, sa compassion n'était-elle pas seulement naturelle ; il les entourait d'une sorte de culte. C'est dans leurs hôpitaux qu'on le trouvait d'ordinaire. On eut dit qu'ils étaient devenus pour lui des amis indispensables.

Cette tendre charité pour les lépreux passa comme un héritage du saint Patriarche à ses disciples. Saint Louis, roi de France, les visite, leur donne à manger de ses propres mains, les embrasse et les console. Son petit-neveu, Louis d'Anjou, qui fut, plus tard, le saint évêque franciscain de Toulouse, en faisait autant dans les prisons de Barcelonne. Sainte Élisabeth, reine de Hongrie, les recevait dans son palais et les servait à genoux. Sainte Angèle de Foligno ne craignait pas d'absorber l'eau qui avait servi à laver leurs ulcères.

Saint Antoine de Padoue, héritier de l'esprit et du cœur du Séraphique François, dont il fut un des premiers disciples, ne dut pas se montrer moins compatissant pour ces êtres déshérités. Et sa compassion qui console, les délivre en même temps de leur mal.

Une revanche.

Un lépreux ayant entendu parler des miracles de saint Antoine, se rendait à Padoue.

Chemin faisant, il fit la rencontre d'un soldat luthérien. « Où vas-tu donc, misérable, lui dit celui-ci, en le raillant ? Vraiment, si ton saint Antoine te délivre de la lèpre, je consens à ce qu'elle revienne sur moi. » Le lépreux poursuit sa route, plein de confiance, malgré ces propos injurieux qui étaient de nature à le déconcerter. Il arrive au sanctuaire, se place sous la châsse du Bienheureux, et implore avec ferveur ses suffrages. Puis, de fatigue, il se laisse gagner par le sommeil. Le saint lui apparut alors. « Lève-toi promptement, lui dit-il, te voilà guéri. Cependant, prends ta crécelle, et apporte-là à ce soldat qui tournait en ridicule mes miracles. Voilà qu'il est, à son tour, couvert de la lèpre. »

Le miraculé exprime d'abord toute sa reconnaissance au Thaumaturge et le glorifie devant toute l'assistance. Puis, il va trouver le soldat qui était, en effet, devenu lépreux. « Antoine, lui dit-il, m'a commandé de vous remettre cette crécelle. »

Le pauvre malheureux, confessant son impiété, et touché de repentir, fit vœu de ne jamais plus se moquer des miracles du saint. Il obtint de plus, avec la grâce de sa conversion, la guérison de son mal (1). Et voilà comment se vengent les saints.

Une gravure de Rome fait allusion à ce trait.

Pendant une neuvaine.

Dans un bourg du diocèse de Colona appelé Néderpreis, en Belgique, un jeune enfant de six ans, Léonard Nieulzirchen, avait au cou une énorme enflure ulcéreuse. Ses parents n'épargnaient rien pour le délivrer de ce mal non moins difforme que douloureux. Mais tout devenait inutile ; l'enflure, au contraire, s'étendait, et, depuis six mois, le petit enfant gardait le lit ; son corps était comme tout paralysé.

Un Frère Mineur qui se trouvait à remplacer, pour un temps, le curé de cette paroisse, ayant appris ce triste état, con-

(1) *Bollandistes.*

seilla aux parents de faire la neuvaine des *Mardis*, en l'honneur de saint Antoine, par autant de messes qu'ils entendraient, et dont lui-même se chargerait. Or, voilà que le premier jour de la neuvaine, l'enflure diminua ; l'enfant alla de mieux en mieux toute la semaine. Le dernier jour, le mal avait si bien disparu qu'on n'en voyait pas la moindre trace (1).

Le greffier public reçut des parents la relation du fait miraculeux, connu, d'ailleurs, de tous les environs. L'archevêque, informé à son tour, en permit la publication pour glorifier saint Antoine et pour accréditer sa dévotion auprès des fidèles (1667).

Le doigt du saint est là.

Au mois d'août 1688, D. Joseph Dionon, domicilié à Tésane, a comparu pour

(1) Extrait de la Collection de Belgique.

déposer sur le fait suivant, en présence du R. P. Mag. Joseph Pasquette de Padoue, Ministre provincial des Mineurs Conventuels, commissaire en même temps de la Province Saint-Antoine, et de moi-même, Louis Micoli de Gémone, secrétaire de la même Province, en visite au couvent Sainte-Marie de Sabionera :

« Un ulcère s'était formé à son bras droit, près du coude, avec une double plaie béante. Il le tenait en écharpe ; et il lui était impossible, sans éprouver d'horribles souffrances, de porter même la main à la bouche.

La veille de Noël, il pria le sacristain de bien vouloir le remplacer pour répondre à la messe ; ce que celui-ci fit bien volontiers. L'infirme y assistait ; et au moment de l'élévation, il se recommanda au saint avec toute la ferveur de son âme.

De retour après la messe, il allait

comme d'ordinaire, se faire panser le bras par sa femme, quand celle-ci ayant enlevé le bandage, regarde, jette un cri de surprise. « Plus de mal ! — Eh ! s'il en est ainsi, répond Joseph, c'est l'œuvre de saint Antoine. Le doigt du saint est là. » Peu après, il revient à l'église, et y fait célébrer une messe d'actions de grâces (1).

Sur cent malades de ce cas.....

Dans les montagnes de la Savoie, au fort de l'hiver, un ouvrier, brave et courageux travailleur, père d'une nombreuse famille qu'il soutenait du fruit de son labeur, fut atteint du charbon.

Quoique plus riches des biens de la foi que des possessions terrestres, les enfants n'épargnèrent pas les soins au

(1) Collection italienne.

pauvre malade. Mais la science humaine se déclara impuissante. « Cet homme ne vivra pas un jour de plus, » prononça le médecin.

Là où s'arrête la puissance de l'homme, la puissance de DIEU commence. Ce fut une humble Sœur de Charité qui fit luire cette espérance au cœur des affligés. « Prions saint Antoine, dit-elle, il est tout-puissant auprès de DIEU. » Pleine de ferveur, la pieuse famille s'adresse au Thaumaturge. On promet une humble offrande en rapport avec les faibles moyens de chacun. Vingt-quatre heures ne s'étaient pas écoulées, qu'un mieux sensible se déclarait ; et la Religieuse, entrant de nouveau chez son malade, l'entendait s'écrier : « Saint Antoine est le meilleur des médecins : il me guérit. »

Et de fait, après quelques jours, le brave homme tout à fait remis, était prêt à reprendre son travail au grand étonnement des praticiens qui ne comprenaient rien à sa merveillleuse guérison. *Sur cent malades de ce cas, je n'aurais répondu d'aucun,* avait dit le médecin [1] (1895).

Pendant la messe.

Généreuse Rodriguez Perez a deux enfants : Antoine et Gunersindo, âgés de quatre ans et de cinq ans et demi. La mère sortait tous les matins, pour vaquer à ses occupations ; et les pauvres petits attendaient, seuls, dans leur lit, son retour. Si jeunes, ils étaient incapables de s'habiller. De plus, une infirmité assez commune aux enfants couvrait leurs têtes de croûtes.

Un jour, 21 juin 1894, la mère était allée à la messe qui commença très tard. Cependant, son cœur maternel était in-

(1) *Le saint aux miracles,* septembre 1895.

quiet en pensant à ces deux petits êtres, restés seuls. Dans son angoisse, elle se prosterne aux pieds de saint Antoine et lui recommande les deux petites créatures.

Comptant sur la protection du saint, elle entendit dévotement la messe, et reprit ensuite le chemin du logis.

Quelle ne fut pas sa stupéfaction de trouver, en rentrant chez elle, les deux enfants levés et habillés. Elle crut que quelque membre de la famille ou quelque âme charitable était venu la remplacer. Non, personne n'était venu ; et les enfants étaient presque honteux, en avouant qu'ils s'étaient levés seuls, et n'avaient pas attendu le secours maternel. La surprise de la mère fut à son comble, lorsque, en les regardant de près, elle vit que leurs têtes étaient complètement guéries, et ne conservaient plus le moindre vestige de la maladie qui lui avait donné tant de soucis. La pieuse chrétienne se ressouvint, alors, de la prière qu'elle avait adressée à saint Antoine et lui attribua cette éclatante faveur qui a eu plusieurs témoins [1] (1894).

La gravure de Rome a représenté des faits semblables.

Guérison extraordinaire.

C'était le 22 juillet 1812. Un vaillant soldat de l'armée espagnole, Don José Maria de Reart, était tombé gravement blessé à la jambe, entre les mains des Français. Les chirurgiens venaient de décider l'amputation. Il y allait de la vie du malade. Celui-ci comprenait leur conversation et, jeune encore, il ne pouvait se résigner à perdre sa jambe. Il invoqua saint Antoine avec une grande confiance.

(1) *Voix de saint Antoine.*

Au moment de procéder à l'amputation, un instrument indispensable vint à manquer. L'espoir se ralluma dans le cœur du soldat et, plein de foi, aidé d'un courageux paysan subjugué par son autorité, il s'échappa et demeura plusieurs jours et plusieurs nuits caché dans un champ de blé. On ne rechercha pas le prisonnier, pensant bien que la mort avait suivi de près son audacieuse tentative. Mais, non seulement le malade ne ressentit pas de fatigues de cette fuite et de son séjour en plein air, mais il put encore bientôt sortir de sa cachette, guéri de sa jambe que la gangrène rongeait déjà (1).

(1) *Voix de saint Antoine.*

CHAPITRE VI

Saint Antoine de Padoue guérit les malades.

PARMI les signes de vocation divine que les apôtres et les disciples de JÉSUS pouvaient apporter comme témoignages aux yeux des nations, se trouve *la guérison des malades. Super ægros manus imponent et bene habebunt.*

Innombrables sont les malades que saint Antoine de Padoue, l'envoyé de DIEU, a rendus à la santé, même de son vivant. A sa voix, au contact de sa main ou de son vêtement, on était guéri, quel que fût, d'ailleurs, le genre de maladie dont on se trouvait affligé. On reconnaissait qu'une vertu sortait de lui: *Quoniam virtus de illo exibat; virtus erat, ad sanandum.*

De là, comme de la vénération incroyable, de l'attrait invincible qu'on avait pour lui, cet empressement des multitudes à l'approcher, à l'entendre, à le voir, à le toucher. Pour soustraire le Bienheureux aux accidents qui pouvaient provenir d'un enthousiasme populaire qui ne calculait pas les conséquences, pour empêcher l'homme de DIEU d'être étouffé par les foules trop indiscrètes, on avait organisé autour de sa personne une garde sévère d'hommes robustes et dévoués. Pour le saint, il laissait faire tout ce qu'on voulait de lui ; parfois, son humilité s'alarmait ; il cherchait à se dérober, autant qu'il était en lui, à ces manifestations du peuple ; mais il ne s'appartenait plus ; et toujours, à l'occasion, il laissait aller son cœur.

Ce qu'il a fait de son vivant, il le continue après sa mort ; il le continue de nos jours : *Il guérit les malades.*

Si nombreuses, si compliquées, si étranges que soient les maladies qui affligent la pauvre humanité, il n'en est pas une qui ne doive céder devant la vertu surnaturelle et merveilleuse du Thaumaturge. En voici quelques traits :

J'ai faim.

Une petite fille du nom d'Agnès, était dans un état désespéré. Depuis trois ans, une maladie étrange lui enlevait toutes les forces de son corps. Son estomac ne pouvait retenir la moindre nourriture ; à peine, si un peu de liquide pouvait passer par son gosier resserré. Dans ces extrémités, elle fut portée au tombeau du saint.

Là, ses souffrances devinrent atroces, au point qu'elle crut en mourir. Bientôt, cependant, et, insensiblement, elles se calment. La voilà, maintenant, appelant sa mère. « Telle est ma faim, lui dit-elle, qu'il me semble être en mesure de manger un pain tout entier. »

L'heureuse mère ramène sa fille, qui mange, aussitôt, parfaitement tout ce qu'on lui présente [1] (1231).

Les princes de l'Église non moins que les enfants du peuple ont recours au saint, comme nous allons le voir.

Le cardinal Guy de Montfort à Cuges.

L'illustre cardinal Guy de Montfort, légat du Saint-Siège en Allemagne, se rendait à Rome, pour présider au nom du pape Clément VI, qui résidait à Avignon, les fêtes jubilaires de l'an de grâce 1350.

(1) Extrait du recueil des miracles produits pour la canonisation du saint.

Comme il traversait la Provence, il tomba dangereusement malade. Il se trouvait, alors, dans le territoire de Cuges, à Conil, où passait le grand chemin, à cette époque. Ce fut un événement pour la petite localité.

La bonne population de Cuges, hospitalière, alors comme aujourd'hui, se porta avec empressement au secours du prince de l'Église. Les consuls et le clergé lui prodiguèrent leurs bons offices et leur dévouement.

Cependant, le mal ne faisait que s'aggraver ; et bientôt le Cardinal se vit aux portes du tombeau. Au milieu de ses souffrances, il fit appel au secours d'en haut, et se recommanda surtout à saint Antoine de Padoue. Il fit vœu que, s'il recouvrait la santé, il irait en personne, présider à Padoue la translation des reliques du Bienheureux. Cette cérémonie devait avoir lieu l'année suivante, dans la splendide basilique, élevée sur le tombeau du saint, aux frais de toute la chrétienté.

Le Cardinal ne fut pas déçu dans sa confiance. Il revint à la santé, et considéra sa guérison comme un nouveau prodige du Thaumaturge. Il ne voulut pas quitter le pays sans offrir à saint Antoine un hommage public de sa reconnaissance, et il vint solennellement le remercier dans sa petite église de Sainte-Croix qui existe encore de nos jours (1).

De plus, en témoignage de ce miracle et à titre de gratitude envers les habitants, il envoya à Cuges une partie considérable du crâne du saint.

Mais voici un des traits les plus gracieux. Le saint est toujours l'ami des petits enfants.

(1) *Le crâne du saint à Cuges,* par M. l'abbé Arnaud.

Le petit-Philippe.

D. Nicolas Graci, président de la chambre royale, ayant reçu du vice-roi de Naples une mission pour l'Etrurie, s'arrêta en revenant, à Rome, avec toute sa suite, pour y vénérer ses sanctuaires. On était à la fin du carnaval 1683, quand son fils tomba dangereusement malade, et fut bientôt réduit à toute extrémité. Sa mère était au désespoir. Cependant, très dévote à saint Antoine, elle lui adressa de ferventes prières.

Le mardi avant les Cendres, vers 3 heures du matin, elle entendit son enfant, qui s'appelait Philippe, prononcer doucement le nom de saint Antoine. Elle courut, aussitôt, vers le lit du pauvre agonisant et lui demanda ce qu'il voulait. L'enfant se contenta de remuer sa petite main, comme pour lui dire de s'écarter, étant un obstacle à ce qu'il voulait contempler. Elle s'éloigna, en effet, mais elle l'entendit prononcer avec plus de joie encore, le nom de saint Antoine.

« Mais, que signifie donc, dit-elle, cette invocation réitérée du saint ?

— J'ai vu, répond l'enfant, un petit Frère qui portait une robe grise. Ce Frère était saint Antoine. Il tenait à la main quelques fleurs blanches et rouges avec un livre sur lequel était assis un petit enfant, qui brillait comme s'il eût été tout en argent. » Il ne sut pas en dire davantage. Seulement il donna à entendre par ses signes qu'il avait vu autre chose. Bientôt après il entra en convalescence, et, le 4 mars il était complètement guéri. On le porta alors dans une église où l'on vénérait l'image de saint Antoine. Dès qu'il l'aperçut, il se tourna vivement vers sa mère, en s'écriant : « Voilà le petit Frère qui m'a guéri. » Chaque fois qu'il rencontrait un enfant de saint François, il disait : « L'habit que portait le petit Frère ressemblait à celui-là. »

Quand le président fut rentré à Naples avec sa femme et son enfant, il alla rendre grâce à Saint-Laurent, église des Frères Mineurs. Depuis, il ne cessait de publier partout la faveur insigne dont il avait été l'objet (1).

Choix héroïque.

Une noble matrone du territoire de Pise, étant tombée malade, se trouvait, pour comble de malheur, réduite à la plus grande indigence. Elle avait deux filles. Saint Antoine en l'honneur duquel elle avait fait déjà plusieurs neuvaines dans le but de soulager les âmes du purgatoire, lui apparut et lui demanda si, présentement, elle voulait jouir avec lui

(1) *Bollandistes.*

de la gloire du paradis ; ou bien vivre et demeurer plus longtemps sur la terre ? Considérant l'état de détresse où elle eut laissé ses deux filles, la mère héroïque répondit : « Que si cela n'était pas préjudiciable à son salut éternel, elle aimait mieux vivre encore ici-bas. » A l'instant, se sentant exaucée, elle se leva [1] (1683).

Il semble vraiment que le saint ait à sa disposition les biens du temps et ceux de l'éternité.

Pendant une neuvaine.

Un noble bourgeois de Brixia, en proie à une fièvre aiguë, avait fait vœu, si saint Antoine le guérissait, d'aller à Padoue lui rendre grâces avec son épouse. Il entreprend la neuvaine des *mardis*. Le

(1) Extrait du *Recueil des miracles* rédigé à Venise.

troisième mardi, quand son épouse rentra de l'église, où elle avait fait ses dévotions, il était complètement guéri. Il vint remplir ses promesses et laissa au tombeau du saint un *ex-voto* renfermé dans un médaillon d'argent [1] (1687).

Je me rends cette fois.

Parmi les nombreuses faveurs obtenues par l'intercession de saint Antoine, on nous signale de Chambéry (1894) trois guérisons extraordinaires et comme instantanées : la guérison de deux jeunes filles, à la suite des onctions faites avec l'huile de la lampe qui brille devant l'image du saint ; et celle surtout, d'un petit enfant. Le père s'est écrié dans son émotion : *Si je ne croyais pas aux miracles, je me rendrais cette fois.*

(1) Extrait de la Collection italienne.

Omnia possibilia sunt credenti.

Le 19 juillet 1894, Giovannino Figura, né à Spaccaforno, en Sicile, et âgé seulement de dix mois, fut pris de fortes fièvres. Le médecin ne tarda pas à constater un cas d'iléotyphus. En peu de jours, le mal fit de si rapides progrès que la mort paraissait imminente. Les secours humains étant impuissants à sauver le malade, les parents tournèrent leur espoir vers Dieu, et lui demandèrent la guérison si désirée, par l'intercession de saint Antoine de Padoue ; car, la dévotion au Thaumaturge est, pour ainsi dire, traditionnelle dans cette famille. Ils conjurèrent le saint de toute l'ardeur de leur foi. « O saint Antoine, s'écria le père de Giovannino, faites voir que vous êtes vraiment le saint à miracles ; obtenez-nous la guérison de notre cher petit enfant. Je vous promets, si vous nous exaucez, de revêtir votre cher protégé des livrées séraphiques. Chacun, après le père, faisait ses promesses au saint, en répétant : *Si quæris miracula*... Ils oignirent le petit malade avec l'huile qui brûlait devant le tableau du Thaumaturge; ils lui posèrent son image sur la tête; puis, ils la lui mirent dans les mains. Quel ne fut pas leur étonnement de voir Giovannino prendre l'image et la porter à ses lèvres pour la baiser. En même temps, sa petite sœur, fillette de cinq ans, s'écrie en fixant le portrait du saint : « Oh ! vous devez bien guérir mon petit frère ; oui, vous le devez, et bien vite encore ; rendez-lui de suite la santé. » Le mieux, cependant, ne s'annonce pas : c'est la mort qui s'approche. Déjà elle voile le visage de Giovannino. L'agonie se prolonge de longues heures, mais les prières ne cessent pas. Saint Antoine éprouve leur constance, mais il les consolera bientôt. Tout à coup, l'enfant donne des signes d'intelligence; puis, il semble vouloir dormir et son sommeil est tranquille. Puis, après un peu de repos, il entre en convalescence, et ne tarde pas à recouvrer la santé.

La famille ne sait comment exprimer sa reconnaissance au grand Thaumaturge. Elle ne cesse de dire : « Si vous voulez des miracles allez à saint Antoine : la mort, l'erreur, la calamité, la maladie, cèdent à son intercession (1). »

Parmi les grands maîtres qui ont traité ce sujet : « Saint Antoine guérit les malades, » citons :

Domenico Ghirlandajo (église de la Trinité, chapelle Sasseti, Florence) xve siècle.

Giovanni da Padova dit *il Dentone.* (Padoue, chapelle du Santo) xve siècle.

(1) Relation du R. P. Antoine Rizza d'Avola, directeur du Tiers-Ordre, contresignée par le T. R. P. Provincial. *(Voix de saint Antoine.)*

Cyrus Ferri de Rome : *Ægri surgunt sani*, XVIIe siècle (Dessin, au Louvre).

Le retable de Terni (église San Francesco) représente en particulier *les malades guéris*.

CHAPITRE VII

Saint Antoine apaise les flots de la mer.

Le Psalmiste trouvait admirable, sublime, le spectacle de la mer dont la tempête soulève et porte aux nues les vagues mugissantes ; il contemplait effrayé et ravi, la toute-puissance de Dieu. *Mirabiles elationes maris : mirabilis in altis Dominus.* Le pouvoir d'un Dieu peut, seul, maîtriser, dompter, reduire l'étendue de ces eaux qui, dans leur colère, élèvent des montagnes, ouvrent des abîmes, se rient des forces et des ruses de l'homme, et franchiraient pour envahir les terres, les digues les plus insurmontables. Mais, la mer entend la voix de Dieu ; elle apaise sa fureur, et s'arrête humblement devant la limite insignifiante qui lui est assignée comme barrière infranchissable : « Tu n'iras pas plus loin, lui est-il dit, ici tu briseras l'orgueil de tes flots. — Un grain de sable la divise, a dit le poète, l'onde écume, le flot se brise, reconnaît son Maître et s'enfuit. »

Lorsque Jésus commanda aux vents et à la mer, et qu'il se fit un grand calme, c'était le Maître qui avait parlé. Et, si les disciples commandent à leur tour, c'est encore au nom du Maître ; et si la mer obéit, c'est toujours au Maître dont le pouvoir passe sur les disciples.

Ce pouvoir est à saint Antoine de Padoue à un degré supérieur.

La mer respecta le saint Missionnaire, menacé d'un naufrage imminent, à son retour du Maroc. — De tout temps, les pilotes ont eu recours à son intercession, et leur espoir n'a jamais été déçu.

Saint Antoine apaise la tempête,
d'après une ancienne gravure.

Un livre ancien, *Diurnal chrétien à l'usage des marins,* résume les prières que l'on avait coutume de réciter en l'honneur du saint. A la page 153, on y lit : *Comme la plupart des marins choisissent saint Antoine de Padoue pour patron...* Plus d'une fois, sans doute, ils se sont écriés : Qu'il est grand *celui à qui les vents et la mer obéissent* (1) !...

Le phare.

Des matelots se trouvant sur mer exposés au naufrage, se recommandent avec l'équipage tout entier au saint de Padoue et lui adressent leurs vœux. Bientôt, ils arrivent au port, sains et saufs, guidés par un rayon de lumière

(1) Par le P. Norbert, de Bar-le-Duc, Capucin, miss. ap. des Indes Orientales (1742).

qui les précède visiblement [1] (1231).

Comme ce rayon de lumière qui brilla aux yeux des passagers pour ranimer leur confiance et les diriger vers le port à travers la tempête, la dévotion à saint Antoine de Padoue sera notre force au milieu des épreuves, et notre guide vers le ciel sur la mer orageuse du monde.

Quel est celui à qui les vents
et la mer obéissent !...

Au mois de novembre 1630, un navire, chargé de tissus précieux, allait des côtes de Calabre à Naples.

Il fut assailli, en route, par une tempête si terrible, que les matelots, ne pouvant plus y tenir, crurent qu'ils allaient être engloutis dans les flots. Mais, l'un

(1) Extrait du recueil des miracles apportés pour la canonisation du saint.

d'eux se souvint de son saint Patron, et il leur dit : « Mes amis, puisque tout est perdu, recourons à saint Antoine : abandonnons le navire aux caprices du vent et faisons une petite prière en l'honneur du Thaumaturge. » A peine avaient-ils fini leurs invocations, qu'ils virent debout sur la poupe ; un Religieux franciscain, qui leur dit : « N'ayez pas peur ; laissez le navire suivre son cours, je serai avec vous. » La vision disparut, et la colère de la mer tomba à l'instant, la confiance des matelots redoubla leurs forces. Ils étaient sauvés avec tout l'équipage. De retour à Naples, ils n'eurent rien de plus pressé que d'aller dans son église témoigner leur reconnaissance à leur céleste protecteur (1).

(1) *Bollandistes.* — P. At, *Hist. de S. Antoine.*

Plus merveilleux encore.

En 1668, au mois de novembre, un équipage composé de Religieux et d'un certain nombre d'habitants de Tarvisinum, fut surpris par une violente tempête tout près de l'île *Saint-Second*. Le navire était devenu le jouet des vents et des ondes et on s'attendait à un naufrage. Cependant, à peine a-t-on imploré l'assistance de saint Antoine, que l'embarcation se trouve merveilleusement transportée dans le grand canal de Venise, où elle voguait à pleines voiles. On devine la stupeur des passagers qui, bientôt, fait place à d'inexprimables sentiments de reconnaissance. Le miracle fut solennellement constaté. Un *ex-voto* fut laissé dans le sanctuaire du saint, en témoignage de cette merveille (1).

(1) Extrait de la Collection italienne.

Que n'avait-il donc prié?

Quelques passagers se rendaient de Mestre à Venise. Comme ils approchaient de l'île *Saint-Second,* endroit très périlleux, l'embarcation, malgré l'habileté et les efforts du pilote, fut prise dans un courant et fut renversée. Tous, ayant invoqué saint Antoine, furent préservés, un seul ayant refusé de le faire fut noyé. Ils arrivèrent au port, sains et saufs. Ils vinrent ensuite à Padoue, et témoignèrent entre les mains des autorités de la faveur dont ils avaient été l'objet (1694) [1].

Voici maintenant, un fait récent non moins admirable que les premiers.

(1) Extrait de la Collection de Venise.

Un beau cierge au saint.

Pendant la neuvaine des morts, un marin est venu en pèlerinage d'action de grâces à l'autel de saint Antoine de Padoue. C'est le capitaine J. T... commandant d'un des vapeurs du port de Bordeaux.

« J'étais sur les côtes d'Afrique, nous dit-il lui-même, au moment des grosses tempêtes qui marquèrent la fin d'octobre.

« J'avais le vent debout, un vent de tempête qui soufflait avec rage, le navire coupait avec peine les vagues qui déferlaient de l'avant à l'arrière ; et l'hélice soulevée hors de l'eau à chaque retour du tangage, battait lourdement dans le vide. Tout à coup, la machine s'arrête. Un des rouages s'est faussé ; impossible de tendre les voiles, impossible d'avancer, nous allions à la dérive avec les fureurs du vent, c'est le naufrage, et, sur ces côtes, c'est la mort inévitable.

« Debout sur le pont, j'invoque publiquement saint Antoine de Padoue, et lui promets un pèlerinage et une messe, s'il sauve mon bâtiment. Que se passa-t-il ? je n'en sais rien ; mais l'hélice reprit son mouvement ; notre machine nous servit jusqu'à Marseille ; et, en dépit de la grosse mer, je gagnai un jour sur le temps des meilleures traversées.

« Au port de la Joliette, où j'ai laissé mon navire, les inspecteurs ont condamné notre machine à de longues réparations ; et ils ne s'expliquent pas comment nous avons pu venir de Maroc à Marseille dans de semblables conditions.

« Je ne l'explique pas non plus, continuait le capitaine. Saint Antoine, sans doute, pourra nous donner la clef du secret. Oh ! le brave saint ! je ne l'oublierai point quand je serai dans le péril. »

Un gros cierge a brûlé, et la messe a été dite à l'autel du bon saint qu'on peut appeler le protecteur des marins (1894) [1].

Le sujet en question « Saint Antoine apaise les flots de la mer, » a été reproduit au XIIIe siècle, sur le vitrail de l'église supérieure de Saint-François, à Assise.

Sur la gravure de Rome, XIVe siècle.

Il a été illustré par Laurentino d'Arezzo, XVe siècle.

(1) *Le pain des pauvres.* (Bordeaux.)

CHAPITRE VIII

Saint Antoine délivre les prisonniers.

Plus d'une fois, dans sa vie, le Thaumaturge vint au secours des pauvres détenus. Son propre père, Martin de Bouillon, accusé d'homicide, et, malgré son innocence, ne pouvant se justifier, le bienheureux Antoine se transporte miraculeusement à Lisbonne. En présence d'une foule immense, il ressuscite le mort, victime de l'attentat, et lui ordonne de dire la vérité. Le ressuscité déclare Martin de Bouillon innocent, devant les magistrats et la foule saisis de stupeur ; puis il se recouche dans son tombeau. Antoine délivre ainsi son père de l'infa-

Saint Antoine ressuscite un mort pour justifier son père.

mie et du supplice auquel il était condamné.

En Italie, il concilie les partis, apaise les haines, les discordes ; arrête les complots ; entrave les vengeances ; protège les faibles opprimés, s'oppose aux puissants persécuteurs ; maintient les droits de la justice ; il plaide les droits des misérables devant des créanciers sans entrailles ; il préserve les vaincus des rigueurs de la force triomphante. Par la bouche d'un enfant, encore à la mamelle, et dont la mère, bien qu'innocente, était accusée d'un crime odieux, il délivre cette femme de la calomnie, du déshonneur et de la mort. L'enfant parle sur l'ordre d'Antoine, et justifie celle qui lui avait donné le jour.

Avec sa liberté tout apostolique, ce moine aux pieds nus, ne craint pas d'aborder le féroce Eccelin ; en face, il lui reproche ses excès effroyables et sa tyrannie : il le fait trembler sur son trône ; et, le voyant repentant et confus, il lui arrache les prisonniers que le barbare réservait à ses atroces vengeances.

Nous allons voir que le saint continue après sa mort son rôle de pacificateur et de justicier qu'il a si bien rempli de son vivant.

L'avocat mystérieux.

Un habitant de Naples se trouvant mêlé à de faux monnayeurs, tomba aux mains de la justice, et fut condamné à mort. Épouvantée à cette nouvelle, son épouse, qui le savait innocent, fait une supplique dans laquelle elle prouve éloquemment que son mari n'est point complice. Mais personne n'osait présenter la lettre, car le vice-roi avait expressément défendu qu'on vînt le trouver pour plaider la cause des condamnés.

Abandonnée des hommes, la pauvre femme se tourne vers saint Antoine. Elle dépose sur un autel la supplique, et le conjure de vouloir bien lui-même se charger de la faire passer au vice-roi. Une confiance si vive dans sa naïveté devait avoir sa récompense. Le lendemain avait lieu l'exécution.

De bonne heure, la suppliante retourne à l'église, frémissante de crainte, haletante d'espoir, s'approche, regarde sur l'autel, et retrouve la pièce écrite par elle-même..... et contresignée par le vice-roi. Elle étouffe un cri de bonheur..... et, se précipitant vers la prison d'où son mari allait sortir pour marcher à la mort : « Voilà, dit-elle, viens. » et elle le ramène délivré. Les autres sont exécutés.

Cependant, les magistrats, étonnés, et même choqués, viennent trouver le vice-roi et lui demandent comment et pourquoi, contre sa parole, il a fait une exception parmi les condamnés. « Je n'ai pu faire autrement, répond-il. Un Frère franciscain est venu, et il m'a démontré par des raisons si claires et si convaincantes l'innocence du prévenu, que j'aurais cru faire un crime de ne pas lui faire grâce. » Puis, se ressouvenant, tout à coup, qu'il avait défendu sévèrement qu'on vînt plaider devant lui en faveur des accusés, il fait venir le chef de la cohorte prétorienne, et lui demande pourquoi il a laissé s'introduire un Frère?... Celui-ci, à son tour, interroge les soldats qui étaient de faction. Personne n'a vu le Frère. Intrigué, le vice-roi se rend au couvent des Franciscains et demande au Père Gardien de vouloir bien lui présenter toute la communauté. Chacun passe à tour de rôle devant le terrible examinateur ; mais aucun ne répond au signalement du

Frère avocat. Quand tout à coup, levant les yeux sur l'image de saint Antoine : « Ah ! le voici, s'écrie le vice-roi ; voici le coupable. Oui, c'est bien lui qui m'a présenté la supplique et qui m'a arraché la grâce du condamné. » On interroge ensuite la femme ; et, par elle on apprend comment la chose était arrivé.

La ville entière était dans l'étonnement, dans l'admiration. Saint Antoine fut mis au nombre de ses patrons ; et à l'instant, on s'organisa pour lui ériger une statue qui fut placée sur le Forum (1).

Chez les Turcs.

Les Vénitiens et les Turcs étaient aux prises en Dalmatie. Un soldat de l'Albanie étant tombé aux mains de ces der-

(1) Extrait de la Collection italienne.

niers, comme prisonnier de guerre, souffrit un long et dur esclavage. N'espérant plus rien du côté des hommes, il eut recours à saint Antoine qui, lui, ne trompa pas sa confiance Il lui apparut, brisa ses chaînes et lui ordonna de s'enfuir, ce qu'il fit volontiers. Arrivé à Padoue, comme témoignage de sa délivrance, il suspendit un morceau de ses chaînes à l'autel du bienheureux (1660) [1].

Encore chez les Turcs.

Hortense Galbatina, native de Plaisance, était tombée par surprise aux mains des Turcs. Elle n'avait que quatorze ans. Dans les desseins de la Providence, elle devait servir, comme esclave, à délivrer une âme d'un autre esclavage : celui de l'erreur.

(1) Extrait de la Collection italienne.

Son maître, un nommé Bassa, la donna à son épouse, comme aide dans le service de la maison. Celle-ci, tout en admirant l'exactitude et la fidélité de la jeune fille, avait remarqué que tous les jours, elle invoquait un saint. Ayant demandé quel était ce saint, il lui fut répondu « qu'il s'appelait Antoine. »

Un jour, un cancer se déclara et la pauvre malade craignit qu'il ne s'étende jusqu'au visage. Se souvenant alors des miracles dont son esclave lui avait parlé, il lui vint la pensée d'invoquer le grand Thaumaturge, et elle lui promit, s'il voulait bien la guérir, de se faire chrétienne. Cette promesse faite, elle tombe dans un doux sommeil; et en s'éveillant, elle se trouve guérie. Elle tint parole. Profitant de la première occasion, à la dérobée, elle s'embarque avec la jeune fille, passe en Espagne, y fait son abjuration et reçoit le baptême.

Saint Antoine fait parler un petit enfant pour justifier sa mère, p. 120.
d'après un bas-relief de P. Lombardo.

La nouvelle convertie, ajoute l'auteur de la relation, vit probablement encore, tandis que j'écris ces lignes (1).

« Non, tu ne mourras pas. »

A Ravacine, qui est un fief des seigneurs marquis de Ragone de Mutiné, l'an 1668, au mois de novembre, Étienne Baronocini d'Imola, fut témoin d'un meurtre dont son maître s'était rendu coupable.

Peu de jours après, lui-même fut soupçonné et accusé de ce crime. N'osant pas déclarer son maître, et n'ayant pas non plus, la force de supporter la violence de la question, il s'avoua coupable, et fut condamné à mort. Dans sa prison, il se recommanda instamment à saint Antoine; il lui promit de jeûner tant qu'il vivrait,

(1) *Bollandistes.*

la veille de sa fête et tous les mardis ; de porter, en son honneur, les livrées franciscaines, et d'aller visiter son tombeau, en demandant l'aumône sur la route. Or, il lui sembla entendre une voix qui disait : « Courage, Étienne, aie confiance en moi; non, tu ne mourras pas. » Fortifié par cette voix, il dit à son confesseur, lecture faite de la sentence qui fixait le jour de l'exécution : « Je n'ai point peur de la mort, vu la promesse du saint. »

Le jour de l'exécution était justement l'anniversaire de la fête du Thaumaturge. Il jeûna, la veille, comme il l'avait promis, malgré le repas splendide qu'on lui servait, dernier repas des condamnés. Il reçut les sacrements avec la plus grande dévotion et marcha au supplice. La foule était dans la stupeur en voyant avec quelle égalité d'âme et sérénité de visage il s'avançait, baisant de temps à autre la sainte image du bienheureux que lui présentait Mandène, gouverneur de la ville, et redisant toujours, jusque dans les mains du bourreau, avec la plus douce confiance : « Non, je ne mourrai pas. »

Cependant, le lacet fatal, formé de deux cordes, était déjà passé à son cou ; déjà, on retirait l'échelle, et le voilà suspendu à la potence et se balançant dans le vide, quand, tout à coup, on entendit là-haut comme un bruit de cordes qui se cassent brusquement, et le condamné tomba sur sa face, sans autre accident qu'une légère égratignure que l'on remarqua sous l'œil gauche. Au grand étonnement de la foule, et surtout du bourreau qui savait bien que les cordes étaient solides, il se relève, en criant : « Vive saint Antoine ! » Et tous spontanément et d'une seule voix d'acclamer le saint Thaumaturge. Il va sans dire qu'on demanda grâce pour le condamné, reconnu miraculeusement innocent. Le lieu de l'expiation devint, ainsi, le théâtre de son triomphe.

Un procès juridique fut dressé, reconnu et signé par l'archevêque.

Quant à Étienne, il suspendit à l'autel du saint le lacet qui avait failli l'étrangler. Il entra, lui-même, dans l'Ordre de saint François comme Frère convers (1).

N'est-ce pas le cas de dire, une fois encore, avec saint Bonaventure : « Rien n'est impossible à saint Antoine. »

« Va trouver les juges. »

Voici un fait non moins merveilleux. Il se passa en 1672, en Gargovie, en Pologne.

« On avait jeté en prison sous de simples apparences, et comme coupable d'homicide, un pauvre homme, pourtant innocent. Plutôt que d'affronter les supplices affreux de la question, il choisit la

(1) Extrait de la Collection italienne.

mort, en faisant l'aveu qu'on lui demandait. Il fut donc condamné et ne pensa plus qu'à se préparer une vie meilleure dans l'éternité. A cette fin, il distribua aux pauvres de larges aumônes, et laissa un legs pour qu'on acquittât des messes à son intention à l'autel du Thaumaturge.

Mais, voilà que la nuit même qui précédait l'exécution, le saint apparut au condamné, brisa ses fers, arracha le pieu auquel il était lié ; et, ouvrant la porte du cachot à deux battants : « Va trouver les juges, lui dit-il, présente-leur ces chaînes, et dis-leur : « Antoine me dépêche vers vous pour que vous reveniez sur la sentence que vous avez prononcée contre moi. » Le captif obéit. On juge de la stupeur des magistrats à cette apparition. L'erreur fut vite reconnue. La ville entière célébra les gloires du saint. On suspendit à son autel les chaînes du prisonnier, en témoignage de la merveille.

CHAPITRE IX

Saint Antoine de Padoue rend l'usage des membres.

Les traits de ce genre abondent dans la vie du saint Thaumaturge.

C'est un petit paralytique qu'il guérit sur les bras de sa mère qui le lui présente, en faisant sur l'infirme un grand signe de croix.

C'est une fillette estropiée qui, au contact de la main du saint, retrouve la vigueur de ses membres, et se prend à marcher.

C'est le jeune Léonard, qui, dans un accès de colère, s'étant oublié jusqu'à frapper sa mère, se coupe le pied avec une hache pour s'en punir, ne soupçonnant pas, dans sa simplicité, que cette réparation imprudente ajoutait une nouvelle faute à la première. Le fait a un grand retentissement dans toute la ville de Padoue. Aux cris, aux supplications désespérées de la mère, le saint accourt. Il arrive près de Léonard ; le jeune homme paraît sans connaissance. Le sang coule, le pied gît sur le sol. Antoine le ramasse, il le rapproche de la jambe sanglante, promène ses doigts angéliques sur cette chair séparée, tout se rejoint, le sang reprend son cours. Une petite ligne, comme un bracelet miraculeux, désigne seule l'endroit que la hache avait tranché. Léonard était guéri.

A l'heure de sa mort, le Thaumaturge sembla multiplier les bienfaits de ce genre et renchérir sur ces merveilleuses guérisons devant lesquelles la science chirurgicale se déclare incompétente. Autour de sa châsse, les aveugles voient, les sourds entendent, les muets parlent,

Saint Antoine guérit l'enfant d'une pauvre mère, p. 133.

les boiteux marchent, les paralytiques sont guéris.

Sa vie posthume et glorifiée n'est qu'un tissu de mêmes prodiges.

Nous ne pouvons en citer ici que quelques traits. Ils suffiront pour prouver une fois de plus combien est fondé le témoignage rendu, il y a six siècles, au Thaumaturge : « Antoine rend aux infirmes l'usage de leurs membres. »

Les aveugles voient.

Une Allemande du nom de Caroline, aveugle depuis sept ans, étant venue au tombeau du saint, pria quelques instants devant sa châsse, et revint dans sa patrie, la vue complètement recouvrée (1).

(1) Extrait des miracles qui ont servi à la canonisation du B. Antoine.

Ouvrons aussi les yeux de l'âme à la lumière de la vérité, à la contemplation des biens réels et éternels qui doivent être, un jour, notre partage.

Les sourds entendent.

Roland, surnommé Bolgare, à la suite d'une violente affection à la tête, était resté sourd l'espace de vingt ans. Un jour, étant venu prier dévotement devant le tombeau du saint, il recouvra l'ouïe avec la santé et rentra dans ses foyers en chantant les louanges de son bienfaiteur (1).

Faites, grand saint, que l'oreille de l'âme s'ouvre aussi à la parole de Dieu et soit attentive à ses inspirations.

(1) Extrait des miracles qui ont servi à la canonisation du B. Antoine.

Les muets parlent.

Un Frère convers, du couvent de Padoue, était sourd et muet de naissance, il avait vingt-cinq ans.

Une première et seconde fois, il lui fut révélé dans une vision d'aller avec ferveur implorer les suffrages de S. Antoine. Lui, dans son ignorance, chercha le bienheureux qui lui était apparu, dans tous les coins du monastère, puis sur les places publiques. L'apparition ayant eu lieu une troisième fois, il comprit alors, et se dirigea vers le tombeau du saint. Il y passa la nuit entière, priant comme il savait, comme il pouvait, multipliant à sa manière les invocations. Or, voilà que, vers la neuvième heure, il se trouve environné d'une lumière céleste et tout son corps est baigné de sueur, il éprouve une grande commotion dans la tête et dans les membres. Subitement sa langue se délie : elle est rendue à son état normal. Avec le bienfait de la parole, il reçoit en même temps celui de l'ouïe. Sa bouche s'ouvre pour louer Dieu et saint Antoine. Chose surprenante ! il parlait une langue inconnue, et tous ceux qui étaient là l'entendaient et le comprenaient. Ce qu'il y a de non moins merveilleux, c'est que le miraculé savait aussi les termes nécessaires et usités pour communiquer dans la langue du pays : termes qu'il ne pouvait connaître que par une science infuse... Tous étaient dans la stupeur, n'ignorant pas qu'il avait été sourd et muet de naissance. On convint d'appeler désormais du nom d'Antoine ce privilégié dont le nom était Pierre, afin de consacrer par ce nouveau baptême le souvenir d'un prodige si extraordinaire.

O grand saint, déliez aussi ma langue

pour qu'elle confesse et mes misères et les miséricordes de mon Dieu (1).

Les boiteux marchent.

« Bon saint, mon enfant a bientôt quatre ans, et il n'a jamais marché ; tous les médecins disent qu'il sera infirme toute sa vie. Vous êtes si puissant, si bon ! obtenez du bon Dieu qu'il marche. Je vous promets quinze francs pour le pain des pauvres s'il marche dans huit jours ; dix, s'il ne marche que dans quinze jours ; et cinq seulement, s'il ne marche que dans un mois. »

Ainsi priait une pauvre ouvrière, mère de famille. Sa prière était exaucée.

Le lendemain de la promesse, l'enfant se met à courir tout seul, et va au-devant

(1) Extrait de la collection du couvent d'Ancône (1234).

Saint Antoine remet le pied coupé à un jeune homme, p. 134.
(d'après une ancienne gravure.)

de son père, qui retourne de l'arsenal maritime.

Celui-ci n'en pouvait croire ses yeux ; il prend l'enfant dans ses bras, le couvre de ses baisers et de ses larmes ; et courant vers la mère, lui demande l'explication de ce prodige. « C'est saint Antoine qui nous l'a guéri. Je lui ai promis quinze francs de pain pour ses pauvres. — Oh ! cours vite les lui porter, dit le père, et remercions-le toute notre vie (1). »

Bon saint, affermissez aussi nos pas dans la voie des commandements ; que nos pieds ne boitent plus dans le service de Dieu.

Les paralytiques sont guéris.

Françoise de Florence, fille de Pierre Brendan et d'Élisabeth Borghi Barberini,

(1) Rapport d'un habitant de Toulon (1895).

avait un bras complètement paralysé. Les remèdes employés pendant dix-huit jours étaient restés sans effet. Elle vint alors implorer saint Antoine de Padoue dont l'image se trouve exposée dans l'église Sainte-Croix de Florence. Elle fit vœu de porter ses livrées en son honneur pendant tout un an, et de faire célébrer au plus tôt une Messe.

A l'instant, elle éprouve à son bras une sensation ; puis la vigueur y circule ; elle le met en mouvement, l'agite en tous sens... elle est bien guérie. Elle rend au saint des actions de grâces (1).

Bon saint Antoine, fortifiez aussi pour le bien nos puissances et nos sens ; rendez-nous fermes et constants dans nos résolutions.

(1) Collection italienne.

Guérison de l'épilepsie.

Michelotte, jeune fille de Padoue, était sujette à de fréquentes attaques d'épilepsie ; de plus, elle avait perdu la vue à la suite de ses souffrances. Transportée par sa mère devant le tombeau du saint, on l'élève un peu au-dessus de la châsse. A l'instant, ses yeux s'ouvrent à la lumière ; en même temps toute trace et signe du mal caduc avaient disparus pour toujours (1).

Grand saint Antoine de Padoue, préservez-nous encore, des troubles qui découragent et des surprises de l'ennemi.

Guérison des hernies.

Un Frère de la province romaine, nommé Cambius, était affligé d'une énor-

(1) Recueil des miracles présentés à l'évêque de Padoue (1233).

me hernie. Les entrailles, malgré le bandage, descendaient et s'échappaient par la blessure. Il se fit transporter à Padoue devant le tombeau du saint pour implorer ses suffrages. Ne pouvant, vu la multitude des infirmes qui s'y pressaient, approcher comme il l'eût voulu de la châsse, il parvint, cependant, à la toucher de sa main ; et, sa main, il la porta avec la foi la plus vive sur son mal. O prodige ! à l'instant même il est guéri.

La déchirure se ferme, et la peau se raffermit. La peau du front, suivant l'expression du Frère, eut été moins solide, peut-être. Il se prit à sauter de joie ; et il disait, en manière de louange en l'honneur du saint. « De bien longtemps, je ne pouvais faire de pareils sauts [1]. » (1234.)

Bon saint, nos infirmités spirituelles

(1) Collection du couvent d'Ancône.

ne sont ni moins grandes ni moins humiliantes.

Guérison de la gravelle.

Bartholomé, soldat de Campo Rotondo, avait sa fille cruellement tourmentée par la gravelle. Parfois, dans la véhémence de sa douleur, on l'entendait aboyer comme un chien. Émue de compassion, sa pauvre mère s'adressa dévotement à saint Antoine, lui fit un vœu, le conjurant de guérir sa fille. A peine le vœu eut-il été fait que la malade se trouva délivrée de son infirmité.

Bon saint, éloignez les obstacles qui s'opposent à notre salut (1).

Guérison de la loupe et des tumeurs.

Béatrix, du diocèse de Forli, souffrait d'une infirmité grave. C'était une loupe

(1) Collection du couvent d'Ancône.

Saint Antoine, secours des malades,
d'après une ancienne gravure.

de la grosseur du poing, qui, depuis dix ans, était survenue à la tête et s'y était comme enracinée. L'art des plus habiles médecins se déclarait impuissant à l'extraire. La malade eut alors recours à saint Antoine et lui promit, s'il la guérissait, de lui donner en fil d'argent de quoi entourer son autel. La nuit suivante, le bienheureux lui apparut pendant son sommeil. Il lui sembla que ce médecin céleste divisait sa loupe en quatre parts, opération qu'elle souffrait, d'ailleurs, avec une sorte de suavité et de complaisance ; et qu'il lui rendait ainsi la santé. La vision disparut, mais non la vertu du Thaumaturge. Car, quelques instants après, la loupe se divisait d'elle-même en quatre parts et se réduisant en un amas de matières putrides, dégagea complètement la tête (1234) [1].

(1) Collection du couvent d'Ancône.

Bon saint, faites disparaitre en nous toute enflure d'orgueil et de sotte vanité.

Apoplexie conjurée.

Un Religieux Augustin, très dévot à saint Antoine, après une première attaque d'apoplexie, s'attendait à une rechute qui eut lieu, en effet ; et, dès lors, son état fut désespéré. Tout les remèdes échouèrent. Dans cette extrémité, il eut recours au Thaumaturge et aussitôt un bien sensible se déclare. Il continue ses dévotions avec la plus douce confiance ; et, bientôt, rendu à la santé, il vient remercier son bienfaiteur, et laissa à la chapelle un *ex-voto* à titre de reconnaissance (1694) [1].

Saint Antoine, délivrez-nous de toute rechute dans le péché.

(1) Extrait de la collection de Venise.

Pleurésie et faiblesse aux reins disparues.

Un habitant de Hull (Canada), attaqué d'un poumon, et à la veille de succomber des suites d'une pleurésie, réclame, plein de confiance, la visite d'un Père Capucin. Le P. Victor s'est, en effet, rendu chez lui, et lui a suggéré une neuvaine à saint Antoine. Toute la famille commence immédiatement à réciter un *Pater* et un *Ave* en l'honneur du Thaumaturge ; et le dernier jour, ce pauvre homme put marcher... et, maintenant il travaille.

Ce qu'apprenant, un autre malade qui souffrait beaucoup des reins, promit une messe au saint, s'il pouvait être guéri, afin d'être capable de continuer son travail. Le lendemain son vœu était réalisé (1).

(1) Rapport envoyé à *la Voix de saint Antoine* (1894).

Grand saint, préservez-nous de l'indifférence dans le service de DIEU.

Guérison des varices.

Une Religieuse du Tiers-Ordre, de Bulle (Suisse) souffrait avec patience, mais non sans inquiétude, d'une plaie grave, causée par des varices. Elle recourt à saint Antoine de préférence aux médecins, lui recommande sa jambe malade et lui promet une large aumône pour le pain des pauvres. De suite sa confiance est récompensée. Sœur N*** est radicalement guérie (1).

Bon saint, soutenez-nous dans le chemin du ciel.

(1) Rapport d'un P. Capucin à *la Voix de saint Antoine* (1895).

Rhumatismes chassés à coups de pierres.

Il y a une trentaine d'années, un musulman de Jérusalem, obligé de garder le lit, éprouvait dans son corps des douleurs très aiguës.

En vain, l'art médical usa de toutes ses ressources, sinon pour le guérir, au moins pour améliorer son état. Le malade n'en reçut aucun soulagement.

Devant cette impuissance humaine, le disciple du Coran, malgré sa haine et son profond mépris pour le christianisme, résolut de recourir au grand Thaumaturge franciscain dont le nom et le pouvoir sont fort connus des infidèles.

Plus soucieux de sa santé que de la crainte de ses coreligionnaires, qui peut-être, allaient considérer cette démarche comme une abjuration du culte de Mahomet, il se fit transporter sur un brancard à la chapelle des *Frères de la corde,* pour implorer saint Antoine, et obtenir la guérison.

Aussitôt arrivé au sanctuaire et placé vis-à-vis l'image du saint, que l'on vénère à un autel latéral, il commença, je ne sais quelles prières. Or, tout à coup, l'image du saint se transforme sous ses yeux en un homme plein de vie. Comme s'il n'eut pu supporter de voir un musulman devant lui, ce personnage mystérieux, commença à lui lancer des cailloux qu'il tenait dans ses mains. Saisi de terreur à cette apparition soudaine, l'infirme put se dresser sur son grabat. Craignant réellement que le saint ne voulût le lapider, il s'enfuit sans hésitation aucune, hors de la chapelle... Il était guéri... Il survécut plusieurs années à cette guérison merveilleuse.

Inutile d'ajouter que ce miracle porte le témoignage de plusieurs personnes dignes de foi ; de plusieurs Prêtres et

Frères de notre Ordre. Le miraculé lui-même l'a raconté à une foule de Religieux Franciscains. C'est là que j'en ai moi-même puisé ces détails, pendant mon séjour en Terre Sainte (1).

Menacez-nous, frappez-nous, s'il le faut, bon saint Antoine, pourvu que nous soyons droits et fermes dans le service de DIEU.

L'hémorroïsse : dialogue mystérieux.

Colingria de Montagnana, éprouvait depuis un an et un mois un malaise avec perte de sang qui la réduisait à la plus extrême faiblesse. Elle promit à saint Antoine de se faire porter à son tombeau pour lui demander la santé. Or, une nuit, tandis qu'elle goûtait un peu de

(1) Un Religieux Franciscain à *la Voix de saint Antoine.*

Membra resque perditas, *d'après une ancienne gravure.*

repos, un bruit se fait entendre, comme si on avait frappé au pied de son lit. Réveillée en sursaut, effrayée, elle tend l'oreille. Un moment après, le bruit se renouvelle. Alors, se munissant du signe de la croix : « Qui touche ainsi mon lit? » s'écrie la malade. Et elle entend une voix qui disait : « Signe-toi avec confiance. — Mais qui êtes-vous donc, Seigneur ? — Antoine, fut la réponse. — O saint Antoine, cria-t-elle alors, guérissez-moi. — Vous l'êtes, » répondit-il.

Au point du jour la malade était levée, complètement guérie. Elle demeura en bonne santé sans jamais éprouver le moindre retour de malaise (1231) [1].

Bon saint Antoine, gardez-nous contre toute illusion de l'esprit et des sens.

Ce sujet actuel, saint Antoine rend

(1) Extraits des miracles produits pour la canonisation du B. Antoine.

l'usage des membres (et des sens) a été reproduit sur le vitrail de l'église supérieure de St François d'Assise, XIIIe siècle et sur la gravure de Rome (XIV). — Sur le rétable à Terni, église de Saint-François, XVe siècle.

Il a été traité par les grands maîtres.

Lorenzo da Viterbo : Fresques, église Saint-François, à Montefalco, XVe siècle.

Plusieurs ont traité ce même sujet d'après les miracles opérés de son vivant par le Thaumaturge : Ainsi le *miracle de la jambe* a été immortalisé dans les bas-reliefs de Donatello (église du Santo) XVe siècle.

Dans les fresques de Lorenzo de Viterbo, (église de Saint-François, Montefalco XVe siècle. — De Domenico Morone, (église de St-Bernardin, Vérone, XVe siècle — De Tullio Lombardo, XVIe siècle. (Église del Santo). Du Titien, XVIe siècle. — De Bonifazio II, oratoire de Campo-

Sampiero. De Girolamo Pennachi (chapelle de Saint-Antoine, église de Petronio, Bologne (XVI). De Eusebio di San-Giorgio (Matelica, église de Saint-François).

CHAPITRE X

Saint Antoine de Padoue fait recouvrer les objets perdus.

L'EXPÉRIENCE universelle de tous les jours, rend ici témoignage de ce don accordé au Thaumaturge et qui semble être sa propriété spéciale : *« Jeunes et vieux demandent à Antoine les objets perdus et ils les recouvrent. Resque perditas petunt et accipiunt juvenes et cani. »*

Toute âme pourrait s'écrier : « Oui, je sais qu'il en est ainsi, je le sais par ma propre expérience. Je viens ajouter ma voix à toutes ces voix qui s'élèvent de tous les points du globe pour remercier le patron des objets perdus. »

Il intervient, tantôt par des révélations sensibles, tantôt par des inspirations soudaines, tantôt par des avertissements inattendus, tantôt par des circonstances qu'il suscite providentiellement ; et il ménage à ses clients les plus agréables surprises. Chose incroyable ! et pourtant il faut se rendre à l'évidence : Là même où l'on avait, tout d'abord, mais inutilement, cherché, fouillé, tourné et retourné, on recouvre l'objet perdu, à peine a-t-on invoqué le saint ; cela arrive maintes et maintes fois ; souvent encore, on le retrouve là où l'on n'aurait pas même songé à le chercher.

Le pourquoi, le secret de ce don qui est le privilège du saint de Padoue ? Quelle en est l'origine ? A quelle occasion en fut-il favorisé ? Qu'est-ce qui porte ses innombrables clients à s'adresser à lui ? En un mot, d'où vient qu'il est universellement regardé et invoqué comme le patron des objets perdus ?... Les biographes ne se prononcent pas sur ce point. On sait qu'un jeune novice, dégoûté de la vie religieuse, déroba, en quittant le couvent, un document précieux qui appartenait au saint : *le Commentaire sur les psaumes*. Antoine, profondément affligé, demanda au Seigneur dans une prière ardente de lui faire recouvrer ses manuscrits. Il fut exaucé. Et, c'est dans ces circonstances, qu'il aurait en outre, reçu le don de faire retrouver les objets perdus.

L'anneau dans le ventre du poisson.

Gonzague, dans ses *Recherches sur les sources historiques* de la fondation du couvent d'Avillesü s'exprime ainsi :

« On voit à droite de l'autel principal, l'autel dédié à la Vierge MARIE ; et, au-dessus, une image du bienheureux Antoine de Padoue.

Le très dévot Jean Alphonse, marchand d'Oveto, et son épouse, Adonza Gonzalès, vénéraient d'autant plus cette image, que par la protection du saint, toutes leurs affaires allaient au gré de leurs désirs. Le jour anniversaire de sa fête, c'était eux qui pourvoyaient, et de leur mieux, au dîner des Frères du couvent. A leur mort, ils réservèrent dans leur testament un legs dans ce but, avec charge pour les héritiers de continuer, tous les ans, cet acte de religion et de charité.

Un de leurs neveux, Nicolas-Alphonse, étant un jour sur mer, un anneau qu'il tenait dans ses doigts, et qu'il avait reçu de sa famille, tomba dans les flots. Il fut affligé de cette perte, mais n'en continua pas moins sa dévotion envers le Thaumaturge et sa charité envers les Frères. La fête du saint arrive. Comme d'ordinaire, il organise tout pour le repas de la communauté, et envoie pour compléter le menu un grand plat de poissons.

Quelle ne fut pas la surprise du Frère

cuisinier, lorsque ouvrant les poissons, il trouve dans le ventre de l'un d'eux un anneau magnifique. C'était l'anneau en question.

Nul ne douta de l'intervention miraculeuse de saint Antoine, encore moins Nicolas Alphonse, qui publia cet événement pour la gloire du saint, et en fit peindre la gracieuse légende devant la sainte image (1390) [1]. »

Le fait suivant prouve encore l'intervention plus directe du saint.

Réponse inattendue.

Inicus Mauriquez, évêque de Cordoue et inquisiteur général d'Espagne, avait perdu son anneau, souvenir de consécration. Il eut recours à saint Antoine. L'expérience qu'il avait faite, maintes et

(1) *Bollandistes.* — GONZAGUE.

maintes fois, de son efficace intervention, l'autorisait dans cette circonstance à user envers lui avec la confiance accoutumée. Il célèbre donc en son honneur plusieurs messes, multiplie ses prières et ses dévotions. Le saint fait la sourde oreille ; et l'anneau ne se retrouve pas. L'évêque en est tout affligé. A vrai dire, saint Antoine ne voulut que le mettre à l'épreuve... A quelque temps de là, le prélat ayant, un jour, invité à sa table plusieurs convives, la conversation roula sur les miracles des saints. Lui, ne manqua pas de faire l'éloge de saint Antoine, confessant qu'il avait en lui la plus grande confiance, et que cette confiance était justifiée par les grâces nombreuses qu'il avait obtenues. « Cependant, ajouta-t-il, j'ai à me plaindre un peu de lui. Depuis quelques temps, il est un objet qui m'est bien cher, et que j'ai perdu ; il ne me l'a pas fait retrouver. » Il n'avait pas achevé ces mots, que sur la table même, devant lui, l'anneau en question tomba, jeté par une main inconnue. L'évêque et les convives furent, comme on le pense, saisis de stupeur et d'admiration. Ce qui redoubla leur confiance au saint (1537) [1]. »

Saint Antoine, on le voit, est non moins aimable qu'admirable en exauçant ses clients.

Une trouvaille dans un confessionnal.

Charles II, roi d'Angleterre, exilé de son royaume, et retiré en Cologne, se voit un jour, dépouillé par un voleur d'une somme très considérable en or et en argent. Il envoya un seigneur de son entourage au couvent des Frères Mineurs pour recommander cette affaire à leurs prières.

(1) Paciecus.

Le jour suivant, le P. Wernerus Burich, vénérable religieux, passant par l'église, aperçoit un inconnu qui, d'un geste, lui indique le confessionnal. Il s'y dirige, pensant qu'on avait besoin de son ministère. Le pénitent ne vient pas ; mais, à la place, il trouve le sac qu'on avait dérobé au roi. Il l'apporte au Gardien, le P. Thomas Martini, qui dépêche deux de ses religieux pour le lui remettre. Encouragé et confirmé par ce miracle dans sa confiance au saint, Charles II en fit le rapport, le signa de sa main, le scella de son sceau. Ce document se conserve aux archives du monastère (1655) [1].

Que de fois pour le bon saint Antoine et pour ses clients, le tribunal de la pénitence est devenu le théâtre des restitutions !

(1) Extrait de la Collection de Belgique.

Le novice rapportant le livre dérobé, p. 161.

Les voleurs redoutent plus saint Antoine que les gendarmes.

Nous extrayons de la Collection de Belgique, parmi ceux du même genre, deux faits miraculeux dont la ville d'Anturpia fut le théâtre.

« C'est un rosaire fait de grains de corail, volé par une servante, qui va le vendre à Gand, ville située à dix lieues de distance. On prie saint Antoine, et cette servante est tellement bourrelée de remords que, n'y tenant plus, elle retourne à Gand pour racheter le rosaire, et le restituer. »

« C'est une coupe d'argent qui est encore volée, et laissée en gage au mont-de-piété. On offre le saint sacrifice en l'honneur de saint Antoine pour la retrouver. Dès lors, le voleur ne peut plus tenir sur place. N'ayant pas l'argent nécessaire pour la racheter, il vole dans le voisinage une autre coupe pour le gage de laquelle il reçoit un prix pour payer la première ; et pouvoir secrètement la restituer. Mais, voilà que les derniers volés adressent à leur tour leurs supplications à saint Antoine. Nouvelles tortures pour le voleur qui, de guerre lasse, fait parvenir un billet aux intéressés, avec des renseignements qui les mettent sur la voie et leur permettent de racheter à prix modique la coupe volée (1666). »

Avis à ceux qui se mêleraient de prendre pour ne pas rendre.

Confession bien humiliante.

Mais, voici dans ce genre un fait encore plus extraordinaire ; il date de 1894, et s'est passé aux environs de Toulon. M. Étienne Jouve, rédacteur de la *Croix du Gard,* le raconte en ces termes dans son *Arrière-Boutique :*

« Mme X***, fut un matin très surprise et très bouleversée, en constatant qu'une somme de quatorze cents francs en billets de banque, qu'elle tenait renfermée dans une armoire à glace, sous une pile de linge, avait disparu.

Depuis combien de temps le vol avait-il été commis, et quel pouvait en être l'auteur. C'est ce dont il lui fut impossible de se rendre compte ; toutes ses recherches furent vaines. Elle se croyait sûre de ses domestiques, et ne savait sur qui faire peser ses soupçons Deux mois se passèrent ainsi ; et il semblait certain qu'on ne découvrirait rien, et qu'il fallait, quoi qu'il en coûtât, faire le sacrifice de cette somme.

Un jour, cependant, Mme X***, entendit fortuitement parler de S. Antoine. Elle fit, sans tarder, la promesse de donner 50 francs aux pauvres, si le saint lui venait en aide dans ces circonstances désespérées.

Comme c'était une bonne chrétienne, réfléchissant qu'il convenait de ne négliger aucune des conditions qui devaient toucher le saint, elle fit une neuvaine qu'elle clôtura par une communion.

Le dernier jour de la neuvaine, ses dévotions faites, elle revenait chez elle, le cœur plein de confiance. En franchissant la porte du jardin qui précède sa maison de campagne, elle aperçut sur le sable de l'allée, tout près d'une platebande, un petit paquet de chiffons roulés. Cet objet l'étonna un peu ; elle se disposait à poursuivre son chemin, quand une inspiration subite, qui pressa le mouvement de son cœur, la fit arrêter ; elle se baisse, et, d'une main que l'émotion fait trembler, elle ramasse ce paquet informe. A la hâte, elle le déploie ; et quel n'est pas son trouble, et en même temps sa joie, en y trouvant douze cents francs en billets de banque. Il n'y manquait que deux cents francs pour que la somme volée fût intacte. On devine, sans peine les sentiments qui agitèrent Mme X***, devant cette réponse foudroyante de saint Antoine.

Mais, ce n'est pas tout. Le saint tenait à montrer qu'il ne fait pas les choses à moitié.

Il y avait une demi-heure à peine que Mme X***, au comble de la joie, était rentrée chez elle, quand on vint l'avertir qu'une personne de sa connaissance, une amie, désirait instamment lui parler.

Lorsque cette personne entra, Mme X***, à ses traits décomposés, comprit que c'était la coupable, et ne put réprimer un frémissement.

« Oui, c'est moi, reprit cette amie, que jamais elle n'aurait osé effleurer d'un soupçon, c'est moi, reprit-elle, au milieu de ses sanglots, et en tombant à genoux. J'ai cédé à une tentation diabolique.

C'est moi : pardonnez-moi, Madame, et ne me perdez pas. Il vous manque deux cents francs. Je les ai dépensés ; mais, je vous les rendrai. Je vous le promets, si vous voulez bien m'accorder du temps. »

Provoquer tout à la fois, la restitution et l'aveu du coupable, voilà nous semble-t-il, qui n'est pas commun.

Une petite réflexion : La faute que l'on cache ou que l'on déguise au saint tribunal, par un juste jugement de DIEU, une circonstance la révèle au public.

Nec minor in minimis.

Il ne s'agit pas ici d'une forte somme d'argent, mais tout simplement d'une aiguille retrouvée.

Le Religieux qui raconta ce fait, et qui fut, plus tard Gardien du couvent de Sainte-Marie d'Alcala, était, alors, étudiant en théologie.

Une nuit, après *Matines*, il voulut

raccommoder sa tunique, et pendant ce travail, distrait sans doute, par une autre occupation, il se lève, sort de sa cellule ; l'aiguille était tombée sans qu'il y prît garde. Entre deux ou trois heures de la nuit, le moment n'était pas favorable pour en demander une autre. Il va, revient, visite les pas qu'il a faits, tout en récitant le *Si quæris miracula,* en l'honneur de saint Antoine. De retour à la porte de sa cellule, il met la main à la serrure, tourne la clé, rencontre dans ses doigts quelque chose d'insignifiant qu'il prend pour un fil de toile d'araignée qu'il secoue ; mais, approchant le flambeau et regardant de plus près, que voit-il ? l'aiguille pendue à son fil...

Il ne peut s'empêcher de louer la condescendance du saint si gracieux et si puissant dans ces petites attentions (1682) [1].

(1) Extrait de la Collection d'Espagne.

Le bout de l'oreille.

Vers la même époque, mais dans un autre couvent, à Panorme, en Sicile, il s'agit d'un petit encensoir, précieux plus encore par l'art que par la matière. Cédant à la tentation, un Frère convers l'avait enlevé furtivement de la sacristie.

Le sacristain fit de longues recherches, aidé de ce même Frère qui prêtait d'autant moins au soupçon, qu'il multipliait ses invectives contre le prétendu voleur. Il poussa son zèle pour le recouvrement de l'objet perdu, jusqu'à persuader au sacristain, d'aller ensemble en pèlerinage à la première église de Saint-François qu'ils rencontreraient, et là, d'y faire célébrer une messe en l'honneur de saint Antoine. Le sacristain y consentit, engagé et par la dévotion qu'il portait au saint, et par la foi du Frère. Or, tandis qu'ils priaient, le sacristain avec ferveur, le

Frère, comme on peut se l'imaginer, en apparence seulement, ce dernier, par mégarde, ayant à se moucher, fit sortir de sa manche avec son mouchoir les chaînettes de l'encensoir. Son hypocrisie est démasquée. Le sacristain appréhende le voleur, le traduit devant le Gardien, tout en demandant grâce pour lui ; mais ne voulant pas d'un autre côté, que ce trait miraculeux du saint fût laissé dans le silence et dans l'oubli.....

On ne lésine pas avec le saint.

Jean-Antoine Como, Religieux de la Stricte Observance, déposa à Padoue, le fait suivant :

« Une dame de Milan, ayant perdu une boucle d'oreille de grand prix, et l'ayant cherché longtemps, mais inutilement, eut enfin recours au saint, et donna au sacristain de l'église de Saint-François, une aumône bien minime, vu sa position, pour deux messes à célébrer.

A son retour à l'église, elle trouva sa boucle d'oreille, à côté de sa pareille dans l'écrin. Toute à sa joie, elle va rapporter à son mari l'heureuse nouvelle, n'oubliant qu'une chose : la reconnaissance envers le saint ; regrettant même d'avoir employé pour deux messes un argent qui aurait pu servir à autre chose. Le mari, lui-même, fut choqué d'un tel langage et révolté d'une telle ingratitude.

Le dîner était servi. On se met à table; la dame était toute à ses boucles d'oreilles ; le mari accentuait par un silence glacial son mécontentement.

Le repas pris à la hâte, notre égoïste retourne à son écrin, et elle ne trouve..... qu'une boucle d'oreille ; sa pareille avait disparu, et à sa place était déposée..... l'aumône des deux messes !..... La dame comprit.

Elle s'avoua ingrate et avare, implora le pardon du saint, lui redemandant, néanmoins, sa boucle d'oreille. Mais cette fois, sa demande fut sans réponse. Ce qu'elle obtint, ce fut d'être moins légère et plus dévote, et elle ne gagna les bonnes grâces du Thaumaturge, qu'en consentant à ce que sa mésaventure devînt publique par le rapport qu'elle en fit. On la dispensa, toutefois, de révéler son nom.

C'est cette relation entendue de ses propres oreilles à Milan, que fit transcrire à Padoue, le P. Hyacinthe, Mineur Réformé, de résidence et sacristain au couvent d'Horta.

Le saint fait comme le bon Dieu : il tire le bien du mal.

Une main mystérieuse.

Je demeure près de l'église de Notre-Dame des Anges, qui est comme une succursale du séminaire.

Selon le règlement, on ferme la porte à 9 heures. Parfois, mon ministère m'obligeant à des sorties, j'ai fait faire une clef, qui est grande et fort lourde ; toutefois, elle ne quitte pas ma poche.

Une nuit, ayant assisté un malade, j'arrive à la porte, et je cherche ma clef ; je retourne mes poches : rien. Je fus obligé de déranger les dormeurs. En me déshabillant, je pus constater que mes vêtements étaient moins lourds, n'ayant pas le poids du fer de ma pesante clef. Avant de m'endormir, je promis, si je la retrouvais, de faire brûler un cierge devant saint Antoine, dans la chapelle du Tiers-Ordre, qui lui est dédiée.

Le lendemain, en m'éveillant, quelle

SAINT ANTOINE
d'après une peinture du couvent de Campo San Piero
où le saint a séjourné.

ne fut pas ma stupéfaction de retrouver ma grosse clef dans ma poche. Sûrement, elle n'y était pas la veille. Je la pris et la baisai avec respect, persuadé que quelques instants auparavant, elle avait passée par les mains de saint Antoine (1895) [1].

Qu'elles sont donc aimables les attentions du saint ! Et le fait suivant ???...

Le voile.

La famille de T*** et moi, nous nous promenions pendant les grandes marées de septembre, sur la plage de Cabourg. Nous étions cinq : Mme de T***, son fils et sa fille, le comte de G*** et celui qui écrit ces lignes.

Sans y prendre garde, nous laissâmes peu à peu Mme de T*** plusieurs cen-

(1) De Ramon-Valle (Léon-Mexique à *la Voix de saint Antoine*).

taines de pas en arrière. Le bruit des flots et du vent nous empêchait de l'entendre nous crier de l'attendre. Enfin, nous retournant, nous l'aperçûmes au loin qui faisait des efforts pour lutter contre le vent et nous atteindre. Nous allons au-devant d'elle ; et aussitôt que nous la rejoignons, nous la trouvons toute mécontente. Elle s'adresse à sa fille, et lui dit : « Comment pouvez-vous aller si vite ? Du reste, tu ne dois pas quitter ta mère. Vous êtes cause que j'ai perdu mon voile, en courant après vous.

— Eh ! bien, lui dit son fils, tu en acheteras un autre, et voilà tout.

— Oui, reprit-elle, c'est facile à dire : c'est une dentelle précieuse que je ne remplacerai jamais.

— Maman, reprit Mlle de T***, ne sois pas fâchée, tu vas retrouver ton voile... Bon saint Antoine de Padoue, rendez le voile à maman.

— Tu peux courir après, lui dit sa mère : le vent, te dis-je, l'a emporté dans la mer à plus de deux cents pas d'ici.

— Cela ne fait rien, répondit la jeune fille. Bon saint Antoine, rendez le voile à maman. » Je la regardais, tout surpris ; je connaissais sa profonde piété, et m'étonnais qu'elle voulût se servir d'une pieuse croyance, pour faire une mauvaise plaisanterie. Mais, pas du tout, je l'entends qui répète une troisième fois avec le même naturel : « Bon saint Antoine rendez le voile à maman. » Au même instant, une des vagues du reflux vient à nos pieds et y dépose le voile enlevé..... Sans aucune surprise, la pieuse fille se baisse, prend le voile, le tend à sa mère, et ne lui dit que ces mots : « Tu vois bien. »

Je vous avouerai que l'ébahissement des quatre témoins de cette scène fut tel, que jamais nous n'oublierons un incident aussi singulier et aussi gracieux.

La foi de Mlle de T*** est celle des petits enfants ; une foi sans la moindre hésitation ; cette foi dont parle l'Évangile et qui peut transporter les montagnes (1).

(1) Extrait du *Saint aux miracles*, revue de Padoue.

CHAPITRE XI

Saint Antoine de Padoue conjure les périls.

Il en est ainsi, redisent comme un concert immense, les voix des multitudes à travers les âges, et sur tous les points du monde.

Que de périls qui menacent la vie du corps ! que d'accidents subits, imprévus la mettent en jeu, à tout instant. Dans ces éléments eux-mêmes qui servent à nos usages, que de germes de maladie et de mort ; jusqu'aux remèdes, que l'ignorance, une erreur, une distraction, peuvent changer en poison. Au-dessus de nous, autour de nous, au dedans de nous, c'est le péril, encore une fois, et le péril sous toutes ses formes. Dans cette variété sans nombre, d'accidents et de maux, il n'en est pas un seul dont la préservation ne soit au pouvoir du saint, et n'entre dans l'exercice de sa sollicitude.

Non moins nombreux, non moins grands sont les périls qui menacent la vie surnaturelle de l'âme. Elle se trouve attaquée, tout à la fois, par l'enfer, par le monde et par les passions. La protéger, la défendre contre tant d'ennemis, la mettre à couvert sous son égide, l'apostolat du Thaumaturge fut-il autre chose ! N'a-t-il pas consacré à cette œuvre, ses sueurs, ses larmes, sa parole, sa santé, son existence. L'histoire est là qui raconte par quels faits merveilleux, Antoine, de son vivant, conjura les périls qui menacent le corps ; mais quelle révélation, si les consciences pouvaient raconter les périls dont il préserva les âmes !!!

Et maintenant, cette même vie du corps, cette même vie de l'âme, tout ce qui touche à l'un et à l'autre, les intérêts spirituels et temporels, les biens de la fortune et de la réputation, sont confiés encore à sa garde et à sa sollicitude.

Citons quelques traits.

L'intervention du saint.

Quelques malfaiteurs de Padoue, ayant comploté le meurtre d'un prêtre, lui tendirent des embûches en un endroit où il devait passer. Sous la figure d'un Religieux inconnu à ces criminels, le bienheureux Antoine se joint à eux et se dirige vers le même lieu. Ceux-ci ordonnent au personnage importun de se retirer. Lui, refuse, et leur révèle en même temps, qu'il est au courant du complot qui se trame. Soupçonnant alors une trahison de la part de l'un d'entre eux, ils

Saint Antoine délivre un prêtre des attaques de ses ennemis.

interrogent l'inconnu et lui demandent qui il est. « Je suis Antoine, leur répond-il. » Épouvantés à cette révélation, ils renoncent à leur infâme projet et, rendant gloire à Dieu, ils proclament à haute voix le prodige (1).

Le trait suivant révèle par un double miracle combien grande est la sollicitude du saint à l'égard de ceux qui lui sont confiés.

Saint Antoine ! Saint Antoine !

Une pauvre femme avait, soit par mégarde, soit par préoccupation, déposé son petit enfant de deux ans sur le bord d'une fenêtre assez élevée. Tout en vaquant à ses affaires, ayant porté ses regards de ce côté, elle le voit, tout à coup, s'affaisser et tomber. « Saint An-

(1) Extrait des miracles produits pour sa canonisation.

toine ! Saint Antoine ! » cria-t-elle. Et se penchant sur la fenêtre, elle aperçoit son enfant debout sur ses pieds, et criant à son tour, comme un écho qui répond :

« Saint Antoine ! Saint Antoine ! »

Autre danger, nouveau prodige : En ce moment un char lancé à toute vitesse arrivait droit sur l'enfant. Celui-ci, de sa main, fait un signe d'arrêt ; et, comme s'ils avaient compris cet avertissement, les chevaux s'arrêtèrent net, et demeurèrent immobiles ainsi que des statues, à la stupéfaction des témoins, qui, d'un concert unanime, rendirent grâces au serviteur de Dieu (1630) [1].

Sur le bord d'un précipice.

Quelques nobles pèlerins se rendant de Venise à Rome, approchaient déjà de Sarravalle, lorsque, soit que le cocher n'y

(1) Extrait de la Collection de Naples.

eût pris garde, soit que les chevaux eussent été effrayés, ils se virent au moment d'être précipités dans un abîme, distant de quelques pas et vers lequel le char arrivait à fond de train. Un cri de détresse retentit : « Au secours, saint Antoine, au secours ! » Les coursiers s'arrêtent tout court sur le bord. Tout fut préservé : hommes, chevaux et char. (1686) [1].

« Il est bien vrai, mon Dieu, vous avez couronné cet homme de gloire et d'honneur ; vous avez dit à toutes les créatures de lui obéir. »

Porté sensiblement sur le rivage.

Jean-Baptiste Comitius, en débarquant du navire qui l'avait amené de Padoue, fait un faux pas, et tombe dans la Brente,

(1) Extrait de la Collection de Venise.

dont les eaux étaient, à cet endroit et en ce moment, très profondes. Ayant imploré le secours de saint Antoine, il se vit sensiblement soutenu et porté sur le rivage, ce dont il demeura stupéfait aussi bien que tous ceux qui étaient là. Il apporta son *ex-voto* à l'autel du saint (1686) [1]. C'est de plus en plus merveilleux.

Le voilà le Religieux qui m'a posé à terre.

Voici, parmi tant d'autres, un des traits les plus merveilleux de préservation. L'assistance de saint Antoine de Padoue y est personnelle et visible. Le fait eut lieu à Rome, en 1830.

Un enfant de six ans s'étant laissé choir de la fenêtre d'un troisième sur le pavé, sa pauvre mère, témoin de sa chute,

(1) Extrait de la Collection de Venise.

pousse un cri : « Ah ! saint Antoine. » Puis, elle se précipite pour relever son enfant. Elle s'attendait à le trouver mort, ou du moins, tout abîmé. Non, il était debout sur le pavé, et sans le moindre mal. Mais, comment donc cela s'est-il fait ? mon pauvre petit, lui demanda sa mère. — Un Religieux s'est trouvé là, répond l'enfant, il m'a reçu dans ses bras et m'a posé doucement à terre. » La pieuse femme songea à saint Antoine qu'elle avait invoqué : et, aussitôt, elle alla à l'*Aracœli* demander une messe d'action de grâces à l'autel du saint. Elle raconta le fait à plusieurs Pères qui se trouvaient, à ce moment, à la sacristie. L'un d'eux, le P. François de Camajore, s'adressant à l'enfant, lui posa cette question : « Le Religieux dont tu parles me ressemblait-il ? — Il était bien plus beau, répondit naïvement le petit. » La mère alla ensuite avec l'enfant, prier devant le tableau du saint. A peine eut-il porté les yeux sur l'image, qu'il se retourna vers sa mère : « Maman, lui dit-il avec vivacité, maman, le voilà le Religieux qui m'a posé à terre. » Et sa petite main montrait le tableau. L'heureuse mère ne pouvait contenir les transports de sa joie et de sa reconnaissance. Elle se retira en criant : *Vive saint Antoine ! vive mon cher saint* (1) !

Le noyau de prunes.

Le 10 août 1891, un enfant de trois ans à qui sa mère avait donné des prunes, tomba tout à coup à la renverse, complètement suffoqué. Un des noyaux s'était glissé dans les voies respiratoires. Après quelques convulsions, l'enfant était resté

(1) LUIGI LENTI, *Anno antoniano*, p. 169.

immobile, raidi comme un cadavre, la face bleuie et congestionnée, les traits horriblement contractés, les yeux injectés de sang et démesurément ouverts. A la vue du désespoir de la mère, les voisins couraient déjà à la recherche du médecin, quand la pauvre mère les arrête, en s'écriant : « Mon Dieu ! j'oubliais le grand saint Antoine. » Elle se précipite sur la route, priant et se lamentant, court droit à l'église et saisissant d'une main tremblante d'émotion la relique du saint, déposée sur le socle de la statue, elle l'appliqua à la gorge du petit, avec cette foi absolue, avec cette confiance sans borne à laquelle Dieu a promis de ne pas résister. Le cœur du bon saint Antoine ne pouvait pas ne pas être ému. A peine sa sainte relique a-t-elle touché l'enfant, qu'une contraction violente se produisait, et que le noyau sanglant était rejeté de la bouche. L'enfant était sauvé. Il est impossible de décrire le bonheur et l'enthousiasme de la mère (1).

L'épingle inoffensive.

Une jeune fille de quatorze ans, à Morlaix, ayant avalé par mégarde une épingle à cheveux mise imprudemment dans sa bouche, se mit aussitôt à prier saint Antoine de Padoue, faisant une neuvaine en son honneur et déposant sa petite offrande près de la statue. Le soir du troisième jour de la neuvaine, l'épingle était rendue sans avoir fait le moindre mal à la pieuse enfant (1894) [2].

Grâce au Bref.

« Dernièrement, dans une ville de France, une dame appartenant à l'une

(1) Le fait s'est passé à Couillet (Belgique). *Voix de saint Antoine.*

(2) Journal *La Croix*.

des meilleures familles, était, depuis longtemps, victime des traitements odieux que lui faisait endurer son mari. Malgré sa grande piété, les longues souffrances qu'elle supportait, d'abord avec une grande résignation, avaient fini par désorganiser tellement son moral, qu'elle semblait, quelquefois, être en proie à une idée fixe. Elle parlait souvent à son amie de sa résolution de se donner la mort. Elle ajoutait qu'elle irait ainsi plus vite au ciel, recevoir le dédommagement de son perpétuel martyre.

Son amie la savait fervente chrétienne, mais elle ignorait que son mari, en qualité de libéral, refusait à sa femme la liberté d'entrer jamais dans une église. En conséquence, elle croyait que l'infortunée parlait ainsi seulement dans des moments d'exaspération et elle tâchait de la calmer. Mais chaque jour de nouvelles vexations et de plus cruelles brutalités rendaient plus intolérable cette existence, privée de toute consolation religieuse. L'amie s'aperçut facilement que la tentation qui obsédait la malheureuse épouse devenait de plus en plus violente. Justement alarmée, elle se dit : « Seul, saint Antoine peut préserver cette pauvre femme d'un malheur qui mettrait le comble à tous les autres. »

Dans cette pensée, elle se procure le *Bref* sur toile de saint Antoine, le porte à son amie, l'engage fortement à se recommander au bon saint, lui promettant de prier de son côté. La pauvre femme saisit avec émotion ce précieux talisman, l'attache à son vêtement, et se reprend à espérer contre toute espérance.

Mais quelques jours après, les sévices du brutal sont tellement lâches et tellement violents, que la victime, hors d'elle-même, s'enfuit un matin du domicile conjugal ; elle court à une élévation escarpée qui domine le fleuve d'une hauteur de 9 mètres, et de là se précipite dans les flots. A cet endroit, le courant est des plus rapides, et les eaux ont une grande profondeur. Résolue d'en finir, Mme *** se livre sans résistance à la merci des vagues. Voyant qu'elle ne réussit pas à se noyer, elle fait des efforts pour s'enfoncer dans l'eau ; mais à chaque fois, une force invisible lui résiste, la soutient au-dessus de l'abîme et la pousse au rivage : en vain elle lutte ; elle est portée comme par un bras surnaturel qui, enfin, la dépose sur la berge aux pieds des personnes accourues à la vue de ce long drame.

Désolée de se trouver encore vivante, elle se lève, et veut encore tenter de se noyer. Mais, cette fois, elle en est empêchée par la foule. Sur sa demande, on la transporte dans la maison de son amie. Là, elle se reconnaît...et s'explique le pouvoir irrésistible qui l'avait sauvée.

Aujourd'hui, la situation de Mme *** est changée du tout au tout. Sa reconnaissance au grand saint est sans bornes (1).

Ce sujet est maintes fois reproduit par les grands maîtres, d'après les miracles opérés de son vivant par le Thaumaturge : tel que la *préservation d'un enfant tombé dans une chaudière*..

(1) Le *saint aux miracles.*

CHAPITRE XII

Saint Antoine de Padoue subvient à toute nécessité.

Très grandes et très nombreuses sont les nécessités du pauvre ; celles du riche ne sont pas de la même nature, mais peut-être sont-elles souvent plus graves, plus crucifiantes. La charité viendra au secours des uns et des autres. « Vous aurez *toujours* des pauvres parmi vous, » disait le Sauveur Jésus à ses disciples ; donc *toujours* il y aura la charité pour les secourir. D'autre part il est écrit : *Donnez, et il vous sera donné! Date et dabitur vobis.* Comment cela peut-il se faire ?... car, s'il est vrai que le riche puisse donner au pauvre et subvenir à ses nécessités, il n'en n'est pas de même du pauvre à l'égard du riche. Et pourtant, voilà des riches qui ne cessent pas de donner aux pauvres ; et voilà des pauvres qui ne cessent pas de rendre aux riches ; et les nécessités des uns et des autres sont secourues. De là, on le voit, il n'y a pas loin à la solution de la fameuse question sociale. Mais enfin le secret ?..... Le voici : Dans une église, la première venue, le riche et le pauvre se sont donnés rendez-vous, sans le savoir, et sans se connaître : les voilà, l'un et l'autre, à genoux, devant un moine qui tient l'Enfant Jésus dans ses bras : « Bon saint Antoine, s'il vous plaît, dit le pauvre, donnez-moi du pain ; donnez-moi du travail ; donnez-moi de quoi payer mon loyer ou nourir mes enfants. — Bon saint Antoine, dit le riche, je vous recommande telle affaire bien épineuse ; l'heureuse issue de tel procès ; la réussite

Saint Antoine et le pain des pauvres
au Séminaire de Lecce

dans cette entreprise. Et le bon saint accorde au riche ; et, en retour, il reçoit du riche de quoi donner au pauvre. Il semble s'être fait débiteur et caution à l'égard des deux : l'aumône faite par le riche au saint appartient au pauvre qui a demandé, et qui est ainsi exaucé ; en raison de l'aumône promise comme condition, le riche à son tour, a comme droit aux grâces qu'il a demandées ; et il exauce, et les nécessités de l'un et de l'autre sont ainsi secourues.

Le poids d'un petit bout de papier.

Il y avait à Naples une dame de noble extraction, mais pauvre. Sa fille était très pieuse et d'une grande beauté. Ne pouvant endurer les rigueurs de l'indigence, il vint à la mère, dans un moment d'oubli, la triste pensée de spéculer sur la vertu de la jeune fille, et lui en fit part. Révoltée à cette proposition, celle-ci la repousse avec horreur. Mais, redoutant de nouvelles attaques, elle vint toute en larmes au couvent de Saint-Laurent, et conjura saint Antoine de la prendre sous sa protection. Tandis qu'elle priait, l'image du saint, étendant son bras, lui donna une cédule, en lui ordonnant de la porter à un riche marchand qui était désigné. « Tu donneras à cette personne une dot en bonne monnaie d'argent qui pèsera autant que ce papier qu'elle va te remettre. » Adieu. Signé : *Antoine.*

La jeune fille, sans perdre de temps, s'acquitte de la commission. Elle remet la cédule, en disant de quelle part et en quel lieu la scène s'est passée. Le marchand la regarda, et frappé de sa beauté, il ne savait trop que croire, soupçonnant avoir à faire à une fille perdue qui cherchait à lui extorquer de l'argent. « Tout ceci, n'est pas clair, ma fille ; cependant pour l'amour de saint Antoine, ajouta-t-il, je veux faire ce que vous me demandez. »

Il prend donc la cédule, la jette dans un plateau de la balance, tandis qu'il plaçait dans l'autre quelques petites pièces d'argent. Mais ces pièces ne furent pas assez suffisantes pour enlever la cédule. Étrangement surpris, il ajoute aux premières quelques pièces de plus. La cédule ne bouge pas. Il ajoute, il ajoute encore : Sa cédule demeure immobile. Elle s'élève quand le marchand eut versé quatre cents écus.

A la vue de ce prodige, le marchand rentre en lui-même. Il se souvient qu'il avait promis au saint une lampe d'argent d'un prix égal à cette somme. Antoine lui rappelait délicatement sa promesse. Il commuait cette obligation en une aumône équivalente. Il compta donc les quatre cents écus à la jeune fille. Avec cette dot, celle-ci s'établit convenablement, et subvint ainsi honnêtement à l'indigence de sa mère (1684) [1].

Dans un sabot.

Un pauvre ménage, obligé faute de combustible, de rester dans son lit, trouva six heures après avoir invoqué saint Antoine, dans un sabot sous le lit, le lendemain au point du jour, de l'argent pour acheter de la houille.

Le chef du ménage est prêt à témoigner du fait par serment (2).

Et nous, nous ne pouvons qu'admirer ces touchantes et délicates industries du charitable saint à l'égard des nécessiteux.

Sa sollicitude, comme nous allons le

(1) *Bollandistes, Analecta.*

(2) Lettre d'un P. Récollet. du couvent d'Eccloo (1894) à la *Voix de saint Antoine.*

voir, n'est pas moins grande quand il s'agit des nécessités de l'âme.

Opération spirituelle.

« Depuis dix-huit ans, je souffrais d'une peine de conscience, et je n'avais jamais, eu le courage de me soumettre à l'opération humiliante, mais nécessaire, pour m'arracher cette épine qui déchirait le fond de mon âme. Je ne sais comment j'ai pu soutenir une épreuve si longue et si douloureuse sans tomber dans le désespoir, car je me croyais sur la route de l'enfer, et impuissante à la quitter sans un miracle.

Eh bien ! ce miracle je l'ai demandé à saint Antoine de Padoue avec une grande ferveur et une confiance sans bornes. Or, je puis assurer en toute vérité que c'est lui-même qui a délivré mon âme ; car l'opération s'est faite d'une manière qui ne peut s'expliquer que par une intervention miraculeuse. Je dois ajouter que c'est un mardi, et après avoir terminé une neuvaine, que cette grâce m'a été obtenue. (Sœur Marie de Jésus, tertiaire. (1894) [1].

Deux setiers de farine venus je ne sais d'où.

Une pauvre femme veuve, chargée d'enfants, et d'une santé languissante, se voyait dépourvue de toute ressource, manquant même de pain. Elle se traîne de son lit à l'autel de saint Antoine, à l'église des Frères. A son retour, elle trouve, tout étonnée et saisie d'admiration, deux setiers de farine qu'on avait apportés chez elle, sans qu'elle sût ni d'où ni comment (2).

(1) Relation envoyée aux Grottes de Brive.
(2) Collection de Venise.

Rencontre importune bien opportune.

C'était la misère noire chez M***. Ah ! il n'en avait pas été toujours ainsi. Du vivant de son mari, le monde l'avait aimée ; et elle aussi, lui avait souri. Hélas ! ils sont loin les bruits de fête. De malheureuses spéculations avaient porté l'angoisse au foyer, jusqu'au jour, où ruiné, miné par la honte et la maladie, le mari s'était couché dans le tombeau.

Nul alors n'avait connu la détresse de la famille. Il fallait tenir son rang, et l'on avait contracté des engagements. Tant qu'elle le put, la veuve essaya d'y faire honneur. Mais, un jour vint où elle crut pouvoir frapper à une porte amie qui se trouva fermée. Peu à peu le silence se fit dans la maison naguère joyeuse : les larmes y coulaient, et les amis de la terre ne savaient pas y compatir.

Bientôt, une mansarde abrita la pauvre veuve désolée, le travail manquant, et le juif usurier réclamait ce qui lui avait été jadis emprunté.

C'était la misère noire. Assise, la tête dans ses mains, elle pensait à tout cela la malheureuse. Si j'étais seule encore, disait-elle ; en parcourant des yeux les murs dénudés du logis, si j'était seule ! Et son regard se portait douloureusement sur un lit couvert de hardes, les seules qu'on n'eut pas encore engagées au mont-de-piété.

C'était là que dormait une petite fille. « Son père l'aimait tant ; elle m'aime tant elle aussi, dit alors la mère. Mais elle n'a pas mangé hier au soir. Et ce matin, que lui donnerai-je ? Et moi aussi j'ai faim. Non, cela ne peut durer. Demander ?... jamais. Et qui donc me donnerait ?... Le Curé ? » elle ne le connaissait pas.

L'enfant allait à l'asile : mais l'industrie de la mère avait réussi à cacher aux Sœurs la gêne du foyer. Et, l'œil hagard, elle murmurait machinalement : la rivière... la rivière...

Soudain, elle se lève : sa résolution était prise. « Lève-toi, » mon enfant, dit-elle en se dirigeant vers le lit. La fillette ouvrit deux grands yeux ; et, tout étonnée, elle se laissa faire, sans rien dire. La toilette fut bientôt terminée.

Quelques instants encore, et la veuve et l'enfant marchaient d'un pas rapide à travers la ville encore endormie.

C'était l'hiver : la bise qui soufflait plaintive, par les rues, semblait murmurer un chant de mort. La malheureuse frissonnait. « Allons, allons plus vite, » disait-elle parfois, à la fillette, essoufflée et engourdie par le vent. Et elles marchaient en hâte. Depuis quelque temps durait la course. Déjà, la pauvre femme entendait le bruit de l'eau qui battait la berge. La rivière était là. Quand une cloche se fit entendre : modeste, elle résonnait dans la nuit ; la lumière brillait à travers les vitraux d'une humble église ; les Religieux de saint FRANÇOIS commençaient l'office du jour. « Maman, veux-tu entrer, dit alors la fillette innocente ; dis veux-tu ? » Et ce disant, elle entraînait la mère qui ne résistait point.

Un instant, et toutes deux étaient dans le temple, agenouillées devant un simple autel. Au chœur, résonnait l'austère psalmodie des moines ; et là, devant elles, à la lueur tremblante des lampes, on voyait se dessiner la gracieuse silhouette d'un saint qui portait un enfant dans ses bras : « Maman, c'est saint Antoine, dit alors l'enfant devenue expansive et joyeuse ; c'est saint Antoine : et la Sœur a dit qu'il donne du pain à ceux qui n'en ont pas... » Et sans attendre, elle dit de sa voix d'ange : « Saint Antoine, ayez pitié de nous. »

Tout cela parlait au cœur de la pauvre veuve qui, sans s'en douter, redissait la prière de l'enfant. Mais les sombres pensées, sans cesse tourmentaient son âme. « C'est assez, dit-elle d'un ton dur à la fillette étonnée : partons. » Elles sortaient, lorsqu'à la porte de l'église un jeune moine les arrêta. « Pardonnez-moi, dit-il aimablement à la pauvre veuve ; mais n'iriez-vous pas du côté de la rivière ?... j'ai une lettre pressée : voudriez-vous bien la remettre à sa destination ? La maison que je vous indique se trouve sur votre chemin... Puis, vous attendrez un instant, » ajouta-t-il en souriant. La femme contrariée, n'osa pas cependant refuser, et partit avec la lettre que l'importun Religieux avait remise à l'enfant. Et la rivière était là qui grondait ; la malheureuse l'écoutait clapotant près de la rive comme un glas funèbre. L'angoisse l'étreignait ; elle n'avait plus de souffle. Elle avait hâte d'en finir. Il fallait pourtant porter la lettre. Nerveuse, elle la remit, et attendit impatiente. Quelques secondes s'étaient à peine écoulées, qu'un Monsieur se présente tout bouleversé. « Combien vous faut-il ? » s'écria-t-il en voyant la malheureuse. Étonnée, celle-ci ne répondit pas. « Mais, voyez, reprend l'homme charitable, je n'y comprends rien. Vous m'apportez une lettre où l'on m'explique votre situation. L'on me prie de vous venir en aide au nom de saint Antoine de Padoue ; je ne puis refuser, car c'est à ce bon saint que je dois mon honneur et ma fortune. Expliquez-vous. » Comme il parlait, la veuve sentait son âme soulagée du poids qui l'oppressait. Elle avoua tout ; la charité lui vint en aide. Et la fillette, heureuse de voir sa mère sourire, lui disait en l'embrassant :

« Je te disais bien, petite mère, saint Antoine est puissant : il donne du pain à ceux qui le prient (1). »

(1) *Echo de saint François.*

TABLE DES MATIERES

L'imprimeur-gérant : Lemière.

Vanves. Imp. Francis. Miss., route de Clamart, 16.

www.ingramcontent.com/pod-product-compliance
Ingram Content Group UK Ltd.
Pitfield, Milton Keynes, MK11 3LW, UK
UKHW022012170726
13837UKWH00001B/148

9 782019 930639